Walter Vogel
Die Religionsstifter

Walter Vogel

Die Religionsstifter

Leben und Lehren

marixverlag

INHALT

VORWORT

Grundsätzlich gibt es zwei Arten von Religionen: Diejenigen, die auf eine historisch überlieferte Person zurückgehen, und jene, die sich langsam entwickelt haben, und von denen keine Gründer bekannt sind. Obwohl es solche Ursprungsgestalten gegeben haben muss, gibt es keine Überlieferungen von ihnen und daher auch keine Verehrung seitens der Gläubigen. Zu den stifterlosen Religionen gehört beispielsweise die Gruppe der unter der Bezeichnung Hinduismus zusammengefassten indischen Religionssysteme.

Manche Religionen gehen auf konkrete Personen zurück, deren Existenz wissenschaftlich nicht gesichert nachweisbar ist. Mose als Stifter des Judentums oder Laozi, auf den der Taoismus zurückgeht, wären hier exemplarisch zu nennen. Auch wenn angesehene Fachleute die Historizität dieser Personen anzweifeln, verehren deren Anhänger diese Religionsstifter bis heute, die, unabhängig davon, ob es sie wirklich gegeben hat, eine immense Wirkungsgeschichte hatten.

In der vorliegenden zweiten Auflage des Buches werden zwölf große Religionsstifter der Menschheitsgeschichte näher vorgestellt. In zwei Gruppen werden zum einen vier Religionsstifter ausführlich beschrieben: ihr Leben, ihre Lehre, die Welt in der sie lebten, die Quellen, die von ihnen berichten usw. Auf diese vier Männer gehen vier der bedeutendsten und heute noch maßgeblichen Weltreligionen zurück: Mose für das Judentum, Buddha für den Buddhismus, Jesus für das Christentum und Muhammad für den Islam. Zum anderen werden acht Männer vorgestellt, die ebenso Stifter großer Religionen waren. Deren Religionen haben eine weniger starke Anhängerschaft oder fanden nur regionale Verbreitung. Aus diesem Grund zählen sie in der Regel nicht zur Gruppe der Weltreligionen. Diese acht Religionsstifter sind: Echnaton, Zarathustra, Mahavira, Konfuzius, Laozi, Mani, Guru Nanak sowie Baha'ullah.

Es wurde versucht, die Viten der einzelnen Personen möglichst objektiv und zugleich wertschätzend zu beschreiben. An vielen

Stellen sind daher Originaltexte bzw. Zitate aus frühen Schriften der Religion angeführt, die an die neue deutsche Rechtschreibung angepasst wurden.

Zwei Punkte sind beim Schreiben besonders aufgefallen:

Zum einen gab es bei fast allen Religionsstiftern eine starke Legendenbildung, und es war nicht immer einfach, den historischen Kern von der Dichtung zu unterscheiden. Am stärksten war die Legendenbildung dort, wo den späteren Biografen keine historischen Fakten mehr vorlagen. Das war häufig bei der Geburt, beim Berufungserlebnis und bei der Todesstunde der Fall. So finden sich manchmal fast identische Legendenmotive bei den Lebensbeschreibungen mehrerer Religionsstifter.

Zum zweiten fällt auf, dass alle Religionsstifter Männer waren. Dieses Faktum soll jedoch nicht über den Einfluss einiger Frauen bei den genannten Personen hinwegtäuschen, auch wenn die Geschichtsschreibung von männlichen Begleitern und Anhängern tendenziell bevorzugt berichtet. Zudem ist diese Tatsache des patriarchalen Übergewichtes ein Spiegelbild früherer Gesellschaften und jener Kulturen, in denen die Lebensbeschreibungen überliefert wurden.

Ansonsten bildet die Gruppe der zwölf Personen eine bunte Mischung: vom Pharao bis zum Findelkind; vom wohlhabenden Fürstensohn bis zum ärmlichen Handwerker; vom Religionsstifter, der ein Berufungserlebnis hatte, bis zu jenem, dessen Lehre das Ergebnis eines langen Gedankenprozesses war; von dem, der schon in Kindestagen seine erste Vision hatte, bis zu dem, der bereits im fortgeschrittenen Alter war, als er erstmals eine himmlische Stimme vernahm; vom Lehrer mit einer großen Schülerschar bis zu jenem, der einsam unterwegs war; von dem, der einen monotheistischen Gott verkündete, bis zu dem, in dessen Lehre die Götter keine bedeutende Rolle spielten; von dem, der am Ende seines Lebens die große Verbreitung der von ihm gelehrten Religion sah, bis hin zu jenem, dessen Lehre die Menschen damals kaum interessierte; von dem, der am Ende des Lebens wohlhabend und sehr beliebt war, bis zu dem, der mittellos und einsam starb; und schließlich: vom Weisen, der in seiner Todesstunde ruhig entschlief, bis hin zu jenem, der grausam ermordet wurde.

Walter Vogel, Graz 2016

MOSE

Mose war ein Prophet, unter dessen Führung das israelitische Volk der Sklaverei in Ägypten entkommen konnte. Wann bzw. ob er überhaupt gelebt hat, darüber gibt es unterschiedliche Meinungen. Am wahrscheinlichsten war seine Lebenszeit im *zweiten Jahrtausend vor Christus*. Als Kind wundersam gerettet, wuchs er laut biblischem Bericht im Haus des Pharao auf, ehe er als junger Erwachsener nach einer Bluttat ins Exil fliehen musste. Er lebte lange Zeit als Hirte in Midian. Durch ein Berufungserlebnis vor einem brennenden Dornbusch bekam er von seinem Gott Jahwe den Auftrag, sein Volk aus der Sklaverei zu befreien. Nach längerem Zögern ließ der Pharao die Israeliten ziehen, und Mose führte sein Volk nicht nur aus Ägypten heraus, sondern auch viele Jahre lang durch die Wüste. Am Berg Horeb empfing er von Jahwe die sogenannten zehn Gebote sowie weitere Vorschriften. Der Überlieferung nach starb Mose, kurz bevor das israelitische Volk in das verheißene Land gelangen konnte.

Obwohl Abraham laut biblischer Quelle der Urvater des Glaubens war, gilt Mose als der Begründer der mosaischen Religion, die heute allgemein Judentum genannt wird. Seinen Namen tragen auch die *fünf Bücher Mose*, welche nicht nur die wichtigsten Schriften der Juden darstellen, sondern auch für Christen einen zentralen Teil ihres biblischen Kanons bilden. Heute bekennen sich rund 10 bis 15 Millionen Gläubige zum Judentum.

Für den Großteil jüdischer und christlicher Gruppierungen ist die Historizität Mose unbestritten. Viele Theologen sehen aber in Mose lediglich eine Symbolfigur des jüdischen Volkes, die ihrer Meinung nach nie gelebt hat. Als Tatsache gilt jedenfalls, dass Mose eine immense Wirkungsgeschichte auf das Judentum hatte und wesentlich zur Einheit des jüdischen Volkes beitrug – egal ob er tatsächlich gelebt hat oder nicht.

Zeittafel: Mose und die Entwicklung des Judentums

vor Christus

ca. im 13. Jh.	Leben Mosis und Exodus
um 1200	Landnahme der Israeliten in Palästina
ca. 1020–1000	Saul, erster König Israels
ca. 1000–961	König David
ca. 961–931	König Salomo. Bau des ersten Tempels. Nach seinem Tod: Zerfall des Staates in ein Nord- und Südreich
586	Zerstörung des salomonischen Tempels
586–538	Babylonisches Exil
515	Weihe des zweiten Tempels von Jerusalem
63	Eroberung Palästinas durch Pompeius und Beginn der römischen Herrschaft

nach Christus

66–70	Erster jüdischer Aufstand gegen die Römer in Palästina
70	Zerstörung des zweiten Tempels
132–135	Zweiter jüdischer Aufstand gegen die Römer unter Bar Kochba
321	Erste urkundliche Erwähnung einer jüdischen Gemeinde in Deutschland
8.–11. Jh.	Blütezeit des babylonischen Judentums
1096–1099	Vernichtung jüdischer Gemeinden in Deutschland während des ersten Kreuzzugs
13. Jh.	Erstes jüdisches Getto in Deutschland
um 1881	Erste Judenauswanderungen nach Palästina
1933–1945	Schoah: Entrechtung der Juden und Massenvernichtung: Insgesamt wurden sechs Millionen europäische Juden ermordet
1938	Reichskristallnacht (Judenpogrom in der Nacht vom 9. auf den 10. November)
1948	Anerkennung des Staates Israel. Seither Einwanderung mehrerer Millionen Juden aus der ganzen Welt nach Israel. Bis heute gibt es in Israel Unruhen zwischen den Palästinensern und den Juden

Wichtige jüdische Begriffe erklärt

Israel	(1) Beiname des Erzvaters Jakob; (2) Bezeichnung für das jüdische Volk bzw. für das ganze Judentum; (3) Name für den jüdischen Staat im Nahen Osten.
JHWH	Hebräischer Eigenname des Gottes der Juden und der Christen. Zu den vier Konsonanten kommen noch die Selbstlaute, die in der hebräischen Sprache nicht niedergeschrieben werden. Aus diesem Grund gibt es Unstimmigkeiten über den wahren Namen Gottes. Die wahrscheinlichste Aussprache des Gottesnamens lautet Jahwe.
Pentateuch	Bezeichnung für die ersten fünf Bücher der Bibel, die auch fünf Bücher Mose genannt werden: Die Namen der Bücher und ihre Abkürzungen lauten: Genesis (Gen), Exodus (Ex), Levitikus (Lev), Numeri (Num), Deuteronomium (Dtn).
Rabbi	Religiöser Titel im Judentum. Ein Rabbi (bzw. Rabbiner) ist kein Priester, er ist aber besonders schriftkundig und wird in religiösen Fragen um Rat gefragt.
Schema Israel	Wichtigstes Bekenntnis und Gebet der Juden („Höre Israel": Dtn 6).
Sinai	(1) Halbinsel, die zu Ägypten gehört; (2) Berg auf der Halbinsel, auf dem Mose die sogenannten zehn Gebote empfing (auch Horeb genannt); (3) Wüste auf der gleichnamigen Halbinsel.
Synagoge	Versammlungsraum bzw. Raum für den jüdischen Gottesdienst.
Talmud	(Hebr. „Studium", „Unterweisung"): Umfangreicher Kodex bestehend aus Gesetzesvorschriften und deren Auslegungen.
Tempel	Zentraler Kultort der Juden. Der erste Tempel wurde unter Salomo errichtet und unter Nebukadnezar im 6. vorchristlichen Jh. zerstört. Der rund 60 Jahre später errichtete zweite Tempel wurde im Jahre 70 n. Chr. niedergerissen. Die Klagemauer ist die letzte erhaltene Mauer dieses zweiten Tempels.

Tora (Hebr. „Unterweisung"): (1) Die fünf Bücher
Mose (Pentateuch); (2) die ganze am Sinai
offenbarte Lehre.

Quellen

Die wichtigste Quelle für die Rekonstruktion der Vita des Mose
bilden die *fünf Bücher Mose*, auch *Pentateuch* genannt. Entgegen
der namentlichen Andeutung wurden die fünf Bücher Mose nicht
von ihm selbst verfasst. Theologen sind sich darin einig, dass die
Verschriftlichung der Bücher erst viele Jahrhunderte nach Moses
Tod erfolgte. Oft wird sogar von einer Zeitspanne von fast 1.000
Jahren zwischen seinem Leben und der Abfassung der Schriften
gesprochen. Trotz dieser großen zeitlichen Differenz und trotz der
Tatsache, dass Mose wahrscheinlich selbst nichts niedergeschrie-
ben hat, bilden diese fünf Bücher praktisch die einzige brauchbare
Zugangsweise zu seiner Person und zu seinem Leben.

Der Pentateuch ist der größte zusammenhängende Textbe-
reich der Bibel. Beginnend bei der Erschaffung der Welt und
des Menschen über die Erzelternerzählungen, den Erzählungen
um Mose ab dem Buch Exodus über Gebote, Kultvorschriften
bis hin zum Tod des Mose im Buch Deuteronomium bildet der
Pentateuch trotz mehrerer in sich geschlossener Abschnitte ein
durchlaufendes Werk.

In der Antike und im Mittelalter waren sich die Gelehrten
darin einig, dass Mose den Pentateuch verfasst hat bzw. dass
es sich bei diesen Schriften um „Gottes Wort" handelte. Mosis
Autorenschaft war unbestritten. Einzig Teile des letzten der
fünf Bücher mit der Erzählung über Mosis Tod wurden seinem
„Nachfolger" Josua zugeschrieben. Seit der Aufklärung mehrten
sich Zweifel an dieser Zuordnung und es gab eine Reihe von
Erklärungsversuchen, wie diese Texte entstanden sein könnten.
Bis in die 70er-Jahre des 20. Jahrhunderts vermutete man mehrere
Quellen bzw. Urkunden, die nebeneinander bzw. nacheinander
entstanden waren und von Endredakteuren zu einem gemeinsa-
men Werk zusammengefügt wurden.

Die moderne Pentateuchforschung geht heute von mehreren
Erzählzyklen aus, die im Laufe der Zeit mehrfache Bearbeitung

fanden. „Für die schriftliche Fixierung der Kerntradition …
wird heute einerseits das 7. Jh. angenommen, während andere
Exegeten eher von der persischen Zeit, nach dem Exil, ausgehen"
(Schebesta, S. 26).

Neben dem Pentateuch und weiteren Erwähnungen des Mose
in biblischen Schriften gibt es keine vergleichbaren weiteren
Quellen über sein Leben: *Philo von Alexandrien*, ein Zeitgenosse
Jesu, schrieb eine zweibändige Vita des Mose. Dieses Werk hatte
jedoch neben zeitgenössischen Erzählungen hauptsächlich die
biblischen Texte als Grundlage, weshalb hier kaum Neuigkeiten
zu erfahren sind. Ähnlich zu datieren ist die apokryphe Schrift
Himmelfahrt Mosis, die wie auch andere apokryphe Schriften für
eine historische Untersuchung als Quelle unbrauchbar ist.

Interessanter, wenn auch zeitlich ebenso weit weg von der
Lebenszeit des Mose und damit historisch kaum verwendbar,
sind andere jüdische Schriftensammlungen: Die unter dem Terminus *Midrasch* zusammengefassten rabbinischen Sammlungen
beinhalten neben ethischen und moralischen Inhalten Auslegun-
gen biblischer Texte und damit auch zahlreiche Erwähnungen
des Mose. Auch wenn die endgültige Ausformulierung dieser
Schriften erst sehr spät erfolgte, dürfte einiges Traditionsgut sehr
weit in die Geschichte zurückreichen.

Zu den jüdischen Quellen gehört auch der *Talmud*: Der
Talmud ist ein aus vielen tausend Seiten bestehendes und in
mehreren Traditionen überliefertes Werk. Im Kern besteht er
aus der *Mischna*. Diese ist die verschriftlichte Form der einst
mündlich offenbarten und lange Zeit auch mündlich tradierten
Gesetzesvorschriften. Ihre Endredaktion wird in etwa auf das
Jahr 200 n. Chr. datiert. Der zweite Teil des Talmuds ist die in zwei
Versionen vorliegende *Gemara*, Erläuterungen und Ergänzungen
zur Mischna. Obwohl im Talmud viel über Mose berichtet wird,
ist die Historizität der Erzählungen über ihn ebenso zweifelhaft
wie bei den anderen erwähnten Schriften.

Schließlich ist hier noch der *Koran* zu nennen. Als historische
Quelle scheidet er zwar aus – die knapp zwei Jahrtausende
zwischen dem Leben des Mose und der Abfassungszeit des
Korans sprechen eindeutig dagegen. Auf das heutige Mosebild
hat der Koran aber vor allem für die weltweit über eine Milliarde
Muslime eine entscheidende Auswirkung.

Insgesamt bildet der Pentateuch zusammen mit den anderen genannten Schriften eine überaus umfangreiche Textquelle, wenn auch für eine Rekonstruktion der Vita des Mose fast ausschließlich die fünf Bücher Mose verwendet werden können. Die anderen Texte sind spätere Interpretationen, die vereinzelt Wurzeln sehr alter Traditionen beinhalten.

Was bedeutet dieser Befund für die Erforschung des Lebens des Mose? Die Bücher gelten als „Dokument einer Religion" (Seebaß, S. 189), deren Erzählungen und Vorschriften für das Volk Jahwes eine immanent Identität stiftende Funktion einnehmen. Die Berichte über Mose wurden dieser Aufgabe untergeordnet. So dürften weder die Endredakteure noch die Überlieferer älterer Quellen ein wirkliches historisches Interesse an Mose gehabt haben, weswegen die historischen Angaben innerhalb der fünf Bücher Mose nur mit großer Vorsicht für die Rekonstruktion der Vita des Mose herangezogen werden können.

Was bleibt angesichts dieses Befundes übrig? Entweder man schließt dieses Kapitel mangels brauchbarer Quellen, oder man nähert sich der historischen Person mit den uns zur Verfügung stehenden biblischen Berichten. Im Folgenden wird Zweiteres unternommen. Es wird versucht, vorwiegend an Hand der biblischen Erzählungen ein zusammenhängendes Bild über Mose ungeachtet der Frage der beweisbaren Historizität zu zeichnen. In diesem Sinne schreibt auch Schreiner: „Bleibt letztlich für jedes Bemühen, ein Bild des biblischen Mose zu gewinnen, nur die Möglichkeit, von der Endgestalt des biblischen Textes auszugehen; denn ein anderes Mosebild als dasjenige, das uns die Tradition in der vorliegenden Endgestalt des Bibeltextes überliefert hat, ist ohnehin nicht zu gewinnen" (Schreiner, S. 32).

Die Zeit und die Welt, in der Mose lebte

Vor der Beschreibung der Lebenswelt des Mose ist die Frage der Datierung seiner Lebenszeit zu klären: „Mose kommt als Inspirator und Organisator des ... zwischen 1300 und 1200 denkbaren Exodusgeschehens unzweifelhaft in Frage", meint der bekannte Theologe Erich Zenger (Zenger, Mose/Moselied ..., S. 335). Der biblische Bericht erwähnt im Zusammenhang mit der Moseerzählung mehrfach den Ort Ramses (Ex 1,11; Ex 12,37 u. a.) und meint damit eine unter der Herrschaft von *Pharao Ramses II.* im östlichen Nildelta errichteten Stadt. Ramses II., um das Jahr 1300 geboren, war nach dem Tod seines Vaters im Jahre 1279 der dritte Pharao der 19. Dynastie und starb im Jahre 1213. Wahrscheinlich führte Mose sein Volk während der ungewöhnlich langen Regierungszeit von Ramses II. aus Ägypten. In diesem Fall wäre die Lebenszeit des Mose tatsächlich in das 13. vorchristliche Jh. zu datieren.

Ramses II. wird auch *der Große* genannt, da er einerseits Kriege führte und gewann, andererseits mittels kluger Vertragspolitik eine sehr lange Friedenszeit mit den Nachbarländern sicherte, die auch die Grundlage für die wirtschaftliche Blüte seines Landes war. Viele eindrucksvolle Bauten entstanden in seiner Regierungszeit. Er soll rund hundert Söhne und Töchter gehabt haben und ihm wird von manchen Historikern ein ausschweifendes Leben nachgesagt, während er mit harter Hand über sein Volk geherrscht haben soll. Dieses Bild würde zu dem biblischen Bericht des Pharao passen, der die Israeliten nicht ziehen lassen wollte.

Die These, Ramses II. wäre jener Pharao gewesen, gegen den Mose in Opposition trat, wird von vielen Theologen und Historikern als gesichert angesehen, während andere diese These vehement ablehnen. Wie oben schon ausgeführt: Es gibt weder anerkannte Beweise dafür noch dagegen. Für die Frage der Lebenswelt des Mose wäre die genaue Zuordnung des Pharao interessant, für die Frage nach der Lebenswelt des von ihm später aus Ägypten herausgeführten Volkes ist die Zuordnung eher sekundär: Das Leben als Sklave bzw. als Sklavenvolk war im alten Ägypten mit Sicherheit zu keiner Zeit angenehm und dürfte sich von Pharao zu Pharao nicht wesentlich verändert haben. Wie war es aber dazu gekommen, dass die Vorfahren des Mose ägyptische Sklaven geworden waren? Im Buch Genesis wird von *Josef* berichtet, der in Ägypten Karriere gemacht hatte und unter dessen Lebenszeit die Israeliten nach Ägypten gekommen waren (Gen 37–50).

Neuere Forschungen belegen, dass hebräische Stämme immer wieder vor allem in Dürrezeiten Ägypten aufsuchten. Die Hebräer waren keine geschlossene Volksgruppe, sondern lebten als Nomaden- bzw. Halbnomaden im Gebiet zwischen Ägypten und dem heutigen Irak. Zu den Hebräern gehörten neben den Israeliten auch die Midianiter, die Aramäer, die Edomiter usw. Die Hebräer waren also keine Nation und auch kein eigenes Volk. Vielmehr war ‚Hebräer' ein Terminus für nichtsesshafte Gruppen, die keiner privilegierten Schicht angehörten und mitunter anderen dienen mussten. Wenn jedoch in der Bibel von den Hebräern gesprochen wird, sind immer die Israeliten gemeint.

Vor 3000 Jahren zogen vor allem in den Trockenzeiten hebräische Gruppen in die fruchtbaren Gegenden, um dort mit ihren Herden zu leben. So kamen halbnomadische Stämme in das Nildelta oder in das Niltal, um Zuflucht vor der Dürre zu suchen. Auf diese Weise dürften auch Mosis Vorfahren nach Ägypten gekommen sein. Im Regelfall konnten diese Halbnomaden zu Beginn der Regenzeit Ägypten problemlos wieder verlassen. Berichten zufolge wurden solche Gruppen aber manchmal auch zu Arbeitsdiensten herangezogen. So wurde ein nicht geringer Teil der zahlreichen monumentalen ägyptischen Bauten von zur Zwangsarbeit verpflichteten Nomaden errichtet. Auch die Vorfahren Mosis wurden zu diesen Arbeiten gezwungen, wie die Bibel bezeugt:

> *Eines Tages ging er* [sc. Mose] *zu seinen Brüdern hinaus und schaute ihnen bei der Fronarbeit zu. Da sah er, wie ein Ägypter einen Hebräer schlug, einen seiner Stammesbrüder.*
> Ex 2,11

Kombiniert man diese Bibelstelle mit der Aussage in Ex 1,11, wonach die Vorfahren des Mose die Stadt Ramses zu bauen hatten, so erhält man wiederum das 13. Jahrhundert als mögliche Lebenszeit des Mose.

> *Da setzte man Fronvögte über sie ein, um sie durch schwere Arbeit unter Druck zu setzen. Sie mussten für den Pharao die Städte Pitom und Ramses als Vorratslager bauen.*
> Ex 1,11

Aus den biblischen Berichten erwächst der Eindruck, die hebräische Gruppe der Israeliten wäre von den Ägyptern nicht nur kurzzeitig für Fronarbeiten herangezogen worden. Vielmehr hätten die Ägypter das ganze Volk versklavt und in weiterer Folge durch die Tötung der männlichen Neugeborenen auszurotten versucht.

Je mehr man sie aber unter Druck hielt, umso stärker vermehrten sie sich und breiteten sie sich aus, sodass die Ägypter vor ihnen das Grauen packte. Daher gingen sie hart gegen die Israeliten vor und machten sie zu Sklaven. Sie machten ihnen das Leben schwer durch harte Arbeit mit Lehm und Ziegeln und durch alle möglichen Arbeiten auf den Feldern. So wurden die Israeliten zu harter Sklavenarbeit gezwungen.
Ex 1,12–14

Es lässt sich nicht mit Sicherheit sagen, ob die versklavten Israeliten bereits den Gott Jahwe verehrten. In der Bibel gibt es zahlreiche Anmerkungen darüber, dass alle Völker grundsätzlich ihre eigenen Gottheiten anbeteten:

Ich bin der Herr, euer Gott. Fürchtet nicht die Götter der Amoriter, in deren Land ihr wohnt.
Ri 6,10

Möglicherweise lernte Mose erst bei den Midianitern, zu denen er nach der Ermordung des ägyptischen Aufsehers floh (siehe unten), die Jahwe-Verehrung kennen. Vor allem der Bericht von der Götzenanbetung der Israeliten lässt den Schluss zu, die Israeliten hätten vor Mose keinen Eingottglauben gehabt, sondern pflegten ebenso wie andere Völker uralte vormosaische Kulte wie Toten- und Ahnenkulte, Tierkulte, Steinkulte, Baum-, Quell- und Astralkulte usw. (Mensching, S. 19).

Der ägyptische Pharao war ein Monarch von menschlicher und göttlicher Natur. Obwohl eine sterbliche Person, erfüllte er laut Glauben seines Volkes den Willen der Götter und hatte ebenso die Aufgabe, für die Erfüllung ihres Willens auf Erden zu sorgen. Neben der göttlichen Verehrung des Pharao existierte für die Ägypter auch eine vielfältige Götterwelt. Re, Isis, Osiris, Ptah u. a. wurden im ganzen Land verehrt, andere wiederum nur lokal. In Ägypten gab es eine „polytheistische

Nationalreligion, die es erlaubte, dass andere Götter von anderen Völkern auch in Ägypten verehrt wurden" (Brunner, Sp. 254). Neben den offiziellen Kulten gab es noch das persönliche Gebetsleben. Dokumente bezeugen sowohl Gebetserhörungen als auch die Vorstellung von göttlichen Strafen in Folge von persönlichen Sünden.

Im Zentrum des Glaubens der alten Ägypter stand der Totenglaube, der in sich nicht einheitlich war. Gleichzeitig bestand die Vorstellung vom Fortleben im Grab (Grabbeigaben), die Gerichtserwartung, jenseitige Trennung der Guten von den Bösen (selige Gefilde versus Hölle) usw. (Brunner, Sp. 256).

Im 13. Jh. v. Chr. gab es in Ägypten also weder homogene Religionsvorstellungen noch eine einheitliche gesellschaftliche Struktur. So lebte gerade das Findelkind Mose in der Spannung, sowohl zum Hause des mächtigen Pharao als auch zum israelitischen Sklavenvolk zu gehören. Die unterschiedlichen religiösen Vorstellungen trugen sicher zur Verstärkung dieser Spannung bei.

Das Leben des Mose

Der Name

Mose ist ein ägyptischer Name, der sowohl als ein Teil von Götternamen als auch als Kurzname bezeugt ist. Als Bestandteil von Königs- oder von Götternamen ist Mose von *ms* bzw. *msj* abgeleitet, was soviel wie „erzeugen" bzw. „gebären" heißt. Bekannte Pharaonen, die in ihrem Namen diesen Wortteil hatten, waren Thut-mose oder Ra-mses. „Mose" bzw. „ms" konnte als Namensbestandteil sowohl aktiv als auch passiv verwendet werden: „der Gott NN hat ihn geboren" bzw. „der Gott NN ist geboren" (Zenger, Mose/Moselied…, S. 332). Der biblische Bericht leitet den Namen jedoch vom hebräischen Verb ab. Im Buch Exodus bedeutet der Name Mose *aus dem Wasser ziehen*:

> Die Tochter des Pharao nannte den Knaben *Mose und sagte: Ich habe ihn aus dem Wasser gezogen.*
> Ex 2,10

Wahrscheinlich bekam Mose seinen Namen von seinen nicht-ägyptischen Eltern oder bereits als Kleinkind von seinen ägyptischen Stiefeltern. In letzterem Fall wäre dies ein Hinweis auf die Aufnahme als Sohn (und nicht als Sklave) in die neue Familie. Mose hätte den Namen in späteren Jahren auch selbst wählen oder ihn erst später von den Ägyptern erhalten haben können. Auffallend ist in jedem Fall, dass der für die Israeliten so bedeutende Mann keinen israelitischen Namen hatte.

Die deutsche Transkription des hebräisch überlieferten Namens lautete lange Zeit *Moses*. Im „Ökumenischen Verzeichnis der biblischen Eigennamen nach den Loccumer Richtlinien" ist die deutsche Schreibweise jedoch einheitlich mit *Mose* festgelegt.

Geburt

Das Buch Exodus berichtet, dass der Pharao aus Angst vor einer zu starken Nachkommenschaft der Israeliten alle neugeborenen Knaben dieses Volkes töten ließ:

Zu den hebräischen Hebammen – die eine hieß Schifra, die andere Pua – sagte der König von Ägypten: Wenn ihr den Hebräerinnen Geburtshilfe leistet, dann achtet auf das Geschlecht! Ist es ein Knabe, so lasst ihn sterben! Ist es ein Mädchen, dann kann es am Leben bleiben. Die Hebammen aber fürchteten Gott und taten nicht, was ihnen der König von Ägypten gesagt hatte, sondern ließen die Kinder am Leben. Da rief der König von Ägypten die Hebammen zu sich und sagte zu ihnen: Warum tut ihr das und lasst die Kinder am Leben? Die Hebammen antworteten dem Pharao: Bei den hebräischen Frauen ist es nicht wie bei den Ägypterinnen, sondern wie bei den Tieren: Wenn die Hebamme zu ihnen kommt, haben sie schon geboren. Gott verhalf den Hebammen zu Glück; das Volk aber vermehrte sich weiter und wurde sehr stark. Weil die Hebammen Gott fürchteten, schenkte er ihnen Kindersegen. Daher gab der Pharao seinem ganzen Volk den Befehl: Alle Knaben, die den Hebräern geboren werden, werft in den Nil! Die Mädchen dürft ihr alle am Leben lassen.
Ex 1,15–22

Die Historizität dieser Erzählung ist nicht erwiesen. Vielmehr geht man heute davon aus, dass es sich um eine Übernahme eines in der Literatur oft bezeugten *Helden- und Sagenmotivs* handelt. Im Kontext des Buches Exodus ist der Bericht vom Kindesmord nämlich der notwendige Vorspann zur eigentlichen Geburtserzählung, die in der wunderbaren Errettung des Mose gipfelt. So betitelt beispielsweise Lehmann in seiner Mosebiografie das Geburtskapitel mit *Das Märchen vom Schilfkörbchen* (Lehmann, S. 25).

In der Tat liegen zahlreiche Berichte von historischen Personen wie auch von Legenden- und Märchengestalten vor, in welchen das Leben des Helden schon vor der Geburt oder im Säuglingsalter bedroht ist, er dann aber doch eine wundersame Rettung erfährt. Exemplarisch sei hier der von Herodes befohlene Kindermord in Betlehem (Mt 2,16–18) genannt, von dem Jesus von Nazaret verschont blieb.

Der zweite Teil der in der Bibel überlieferten Kindheitsgeschichte des Mose beginnt damit, dass *Jochebed*, die Mutter des Mose, schwanger wurde und einen Sohn gebar.

Weil sie sah, dass es ein schönes Kind war, verbarg sie es drei Monate lang. Als sie es nicht mehr verborgen halten konnte, nahm sie ein Binsenkästchen, dichtete es mit Pech und Teer ab, legte den Knaben hinein und setzte ihn am Nilufer im Schilf aus. Seine Schwester blieb in der Nähe stehen, um zu sehen, was mit ihm geschehen würde.

Die Tochter des Pharao kam herab, um im Nil zu baden. Ihre Dienerinnen gingen unterdessen am Nilufer auf und ab. Auf einmal sah sie im Schilf das Kästchen und ließ es durch ihre Magd holen. Als sie es öffnete und hineinsah, lag ein weinendes Kind darin. Sie bekam Mitleid mit ihm, und sie sagte: Das ist ein Hebräerkind. Da sagte seine Schwester zur Tochter des Pharao: Soll ich zu den Hebräerinnen gehen und dir eine Amme rufen, damit sie dir das Kind stillt? Die Tochter des Pharao antwortete ihr: Ja, geh! Das Mädchen ging und rief die Mutter des Knaben herbei. Die Tochter des Pharao sagte zu ihr: Nimm das Kind mit und still es mir! Ich werde dich dafür entlohnen. Die Frau nahm das Kind zu sich und stillte es. Als der Knabe größer geworden war, brachte sie ihn der Tochter des Pharao. Diese nahm ihn

als Sohn an, nannte ihn Mose und sagte: Ich habe ihn aus dem
Wasser gezogen.
Ex 2,2–10

Bereits *Romulus und Remus* wurden der Legende nach in einer
Zinkwanne bzw. laut einer anderen Überlieferung in einem Korb
auf einem Fluss (Tiber) ausgesetzt, ehe sie gerettet wurden. Auch
Sargon von Akkad, ein bedeutender Herrscher, der um 2300 v. Chr.
lebte, soll in einem Schilfkörbchen auf einem Fluss (Euphrat)
ausgesetzt und gerettet worden sein:

> *Sargon, der mächtige König von Akkad bin ich, meine Mutter*
> *war eine Vestalin, meinen Vater kannte ich nicht … im Verbor-*
> *genen gebar sie mich. Sie legte mich in ein Gefäß von Schilfrohr,*
> *verschloss mit Erdpech meine Türe und ließ mich nieder in den*
> *Strom, welcher mich nicht ertränkte. Der Strom führte mich zu*
> *Akki, dem Wasserschöpfer. Akki, der Wasserschöpfer, als seinen*
> *eigenen Sohn zog er mich auf …*
> Lehmann, S. 26.

Des Weiteren findet sich das *Motiv des Ausgesetzt-Werdens* – wenn
auch nicht immer mit einem Fluss verbunden – bei Gilgamesch,
bei Ödipus, beim Perserkönig Kyros usw.

Was ist nun der wahre Kern der Erzählung von der Errettung
des Mose? Vergleicht man die biblische Errettungsgeschichte
mit ähnlichen außerbiblischen Schilderungen, so fällt eine Ge-
meinsamkeit auf: In der Regel handelte es sich um bedeutende
Personen, von denen nur ihr Lebenswerk überliefert ist, über
deren Herkunft oder Kindheit aber wenige bis keine Angaben
tradiert wurden. Um die Biografie dieser Personen zu vervoll-
ständigen bzw. um deren Werke schon durch deren Herkunft
oder Erwählung zu legitimieren, sind in späteren Jahren diese
legendenhaften Kindheitsgeschichten entstanden.

Es ist nicht anzunehmen, dass Mose als Kind wirklich auf dem
Nil ausgesetzt worden war. Tatsache scheint jedoch zu sein, dass
der Mann, der die Israeliten aus Ägypten herausführte, im Hause
des Pharao oder zumindest in einem vornehmen, ägyptischen
Haus aufwuchs. Ob er, wie der biblische Bericht aussagt, hebräische Wurzeln hatte, ist nicht gesichert.

Kindheit und Berufung

Die Familie des Mose findet im Pentateuch mehrfache Erwähnung. *Amran* aus dem Stamm Levi war sein Vater, welcher seine Tante *Jochebed* ehelichte (Ex 6,20). Diese war eine Tochter Levis und wurde in Ägypten geboren (Num 26,59). Mose hatte zwei Geschwister: Den um drei Jahre älteren *Aaron* (Ex 7,7) sowie eine ebenfalls mehrere Jahre ältere Schwester namens *Mirjam* (Ex 2,4; Ex 15,20 u. a.).

Über seine Kindheit berichtet die Bibel – abgesehen von der Errettungsgeschichte – nichts. Über die Zeit als junger Erwachsener ist nachfolgendes Ereignis überliefert:

> Mose sah, *wie ein Ägypter einen Hebräer schlug, einen seiner Stammesbrüder. Mose sah sich nach allen Seiten um, und als er sah, dass sonst niemand da war, erschlug er den Ägypter und verscharrte ihn im Sand.*
> Ex 2,11 f.

Auf diese Bluttat stand die Todesstrafe, weswegen Mose zur Flucht gezwungen war. Auch zu dieser Geschichte finden sich auffallende Parallelen in der antiken Literatur: Die bekannteste dieser Erzählungen ist lange vor Mose Lebenszeit zu datieren und handelt vom ägyptischen Hofbeamten *Sinuhe*. Dieser floh nach einem Attentat auf den ägyptischen König Amenemhet I. (20. Jh. v. Chr.) nach Palästina, da man ihn für den Tod des Königs verantwortlich gemacht hatte und ihn deshalb auch anklagen wollte. In Palästina lebte er viele Jahre, gründete eine Familie, war aber voller Sehnsucht nach seiner Heimat. Viele Jahre später, nachdem seine Unschuld erwiesen war, kehrte er schließlich wieder nach Ägypten an den Hof zurück.

Ebenso wie Sinuhe floh auch Mose Richtung Osten. Die Bibel berichtet von einem langen Aufenthalt in *Midian* am Ostufer des Golfes von Eilat, also im heutigen Grenzgebiet zwischen Jordanien und Saudi-Arabien bzw. im Nordwesten Saudi-Arabiens. Möglicherweise führte Mose seine Flucht auch in das Gebiet des heutigen Sinai, denn in Ex 3,1 wird berichtet, wie ihm Gott beim Berg Horeb (Ex 3,1) erschien.

In Midian heiratete Mose *Zippora* (Ex 2,21), eine der sieben Töchter des Priesters von Midian. Mosis Schwiegervater ist in den biblischen Berichten mit mehreren Namen überliefert: *Jitro* (Ex 3,1), *Reguel* (Ex 2,18) und *Hobab* (Ri 4,11). Zippora gebar Mose zwei Söhne: *Gerschom* und *Eliëser* (Ex 18,3 f.).

Num 12,1 erzählt, wie Mirjam und Aaron mit Mose über dessen *kuschitische Frau* sprechen. Diese sonst in der Bibel nirgends erwähnte Kuschitin kann unmöglich Zippora sein, denn das Land Kusch bzw. Nubien (Kusch ist das ägyptische Wort für Nubien) lag südlich von Ägypten, annähernd im heutigen Bereich des Assuanstaudammes. Schenkt man der Aussage im Buch Numeri Glauben, war Mose mit „einer Angehörigen aus einem ursprünglich äthiopiden, heute stark mit Sudannegern vermischten Stamm" (Lehmann, S. 36) verheiratet. Ob bzw. wie diese beiden Berichte zusammenpassen, kann heute nicht mehr geklärt werden. Es spricht einiges für die These, Mose hätte tatsächlich eine Kuschitin geehelicht.

Mosis Söhne spielen ebenso wie seine Eltern und seine Frau in der Bibel keine weitere Rolle. Auch gibt es keine Berichte über weitere Nachkommen.

Nach biblischem Bericht lebte Mose viele Jahre als Schaf- und Ziegenhirte in Midian. Laut der Angabe in Ex 7,7, war er bei seiner Berufung bereits 80 Jahre alt. Diese Zahl bedarf im Sinne der biblischen Symbolsprache allerdings einer Interpretation. 80 steht für zweimal 40, also zweimal die vollkommene Zahl: 40 Tage dauerte die Sintflut; Isaak nahm im Alter von 40 Jahren Rebekka zur Frau; ebenso alt war Esau bei der Hochzeit mit Jehudit; 40 Jahre zog das Volk der Israeliten durch die Wüste; Mose war 40 Tage lang auf dem Berg Horeb; Kaleb war 40 Jahre alt, als ihn Mose aussandte, das Land zu erkunden; unter Otniël, dem Bruder Kalebs, war 40 Jahre lang Friede, 40 Jahre lang war David König über Israel; ebenso lang regierte König Joasch usw.

Wenn man davon ausgeht, dass Menschen damals maximal 80 Jahre alt geworden sind (Ps 90,10 spricht davon) und man von diesem Alter 30 bis 40 Jahre abzieht, in denen Mose mit den Israeliten durch die Wüste zog, dann dürfte er bei seiner Berufung zwischen 40 und 50 Jahre alt gewesen sein:

Dort erschien ihm der Engel des Herrn in einer Flamme, die aus
einem Dornbusch emporschlug. Er schaute hin: Da brannte der
Dornbusch und verbrannte doch nicht. Mose sagte: Ich will dort-
hin gehen und mir die außergewöhnliche Erscheinung ansehen.
Warum verbrennt denn der Dornbusch nicht?
Ex 3,2 f.

Mose war anscheinend nicht allein unterwegs, als er den brennenden Dornbusch sah. Sonst hätte er nicht sagen können, dass
er dorthin gehen und nachschauen werde. Der Bericht im Koran
weicht von der biblischen Erzählung ab: Mose sprach hier zu
seinen Angehörigen, er werde hingehen und ihnen ein Stück
Glut von dem Feuer mitbringen, damit sie sich daran wärmen
könnten (Sure 27,7).

Im Pentateuchbericht folgt jetzt das erste Gespräch zwischen
Mose und Gott:

Als der Herr sah, dass Mose näher kam, um sich das anzusehen,
rief Gott ihm aus dem Dornbusch zu: Mose, Mose! Er antwor-
tete: Hier bin ich. Der Herr sagte: Komm nicht näher heran!
Leg deine Schuhe ab; denn der Ort, wo du stehst, ist heiliger
Boden. Dann fuhr er fort: Ich bin der Gott deines Vaters, der Gott
Abrahams, der Gott Isaaks und der Gott Jakobs. Da verhüllte
Mose sein Gesicht; denn er fürchtete sich, Gott anzuschauen.
Der Herr sprach: Ich habe das Elend meines Volkes in Ägypten
gesehen, und ihre laute Klage über ihre Antreiber habe ich ge-
hört. Ich kenne ihr Leid. Ich bin herabgestiegen, um sie der Hand
der Ägypter zu entreißen und aus jenem Land hinaufzuführen
in ein schönes, weites Land, in ein Land, in dem Milch und
Honig fließen, in das Gebiet der Kanaaniter, Hetiter, Amoriter,
Perisiter, Hiwiter und Jebusiter. ... Und jetzt geh! Ich sende
dich zum Pharao. Führe mein Volk, die Israeliten, aus Ägypten
heraus!
Ex 3,4–10

In weiterer Folge nennt Gott auf Moses Frage hin seinen Namen:

Da antwortete Gott dem Mose: Ich bin der „Ich-bin-da". Und er
fuhr fort: So sollst du zu den Israeliten sagen: Der „Ich-bin-da"

hat mich zu euch gesandt. Weiter sprach Gott zu Mose: So sag zu den Israeliten: Jahwe, der Gott eurer Väter, der Gott Abrahams, der Gott Isaaks und der Gott Jakobs, hat mich zu euch gesandt. Das ist mein Name für immer und so wird man mich nennen in allen Generationen.
Ex 3,14 f.

Über den Gottesnamen Jahwe bzw. über die diesem Namen zugrunde liegenden vier Konsonanten JHWH gibt es zahlreiche Abhandlungen, weswegen an dieser Stelle auf eine ausführliche Darstellung verzichtet wird. JHWH war als „Gottheit in südlichen Wüstengebieten zu Hause" (Brandscheidt, Sp. 712). Wie bereits erwähnt, gibt es Gründe für die Annahme, dass Mose diesen Namen bei den Midianitern kennen gelernt hatte.

Die Bibel berichtet weiter unten von einem längeren Hin und Her zwischen Mose und Gott. Am Ende dieser Erzählung findet sich wieder ein interessantes biografisches Detail:

Doch Mose sagte zum Herrn: Aber bitte, Herr, ich bin keiner, der gut reden kann, weder gestern noch vorgestern, noch seitdem du mit deinem Knecht sprichst. Mein Mund und meine Zunge sind nämlich schwerfällig ... Da entbrannte der Zorn des Herrn über Mose und er sprach: Hast du nicht noch einen Bruder, den Leviten Aaron? Ich weiß, er kann reden ... Sprich mit ihm und leg ihm die Worte in den Mund! Ich aber werde mit deinem und seinem Mund sein, ich werde euch anweisen, was ihr tun sollt, und er wird für dich zum Volk reden. Er wird für dich der Mund sein und du wirst für ihn Gott sein.
Ex 4,10–16

Dieser Bericht lässt darauf schließen, dass Mose scheinbar trotz seiner vornehmen Erziehung nicht der geborene Redner war. Im Gegenteil: Das Reden fiel ihm schwer. Offen bleibt allerdings, welche Form der Schwerfälligkeit in seiner Sprache lag: Hatte er einen Sprachfehler oder fiel es ihm nur schwer, mit den Israeliten in deren Muttersprache zu sprechen, die möglicherweise nicht die seine war? Gegen letztere Vermutung spricht die Tatsache, dass Aaron für Mose auch beim Pharao das Sprachrohr war. In Ex 7,2 spricht Gott zu Mose:

Du sollst alles sagen, was ich dir auftrage; dein Bruder Aaron
soll es dem Pharao sagen ...
Ex 7,2

Aaron wurde also zum Sprecher für seinen Bruder Mose, der von
Gott berufen war. Dennoch sind auch Stellen belegt, in denen
Mose allein zum Volk oder zum Pharao sprach, in der Regel
redete jedoch Aaron.

Spätere Erklärungen für einen Sprachfehler sehen eine Verletzung als den Grund, warum Mose undeutlich sprach. Interessant
ist in diesem Zusammenhang, dass der Koran eindeutig davon
ausgeht, dass Mose stotterte:

Mose sagte: ‚Herr! Weite mir die Brust und mach es mir leicht
und löse einen Knoten von meiner Zunge, damit die Leute ver
stehen, was ich sage! ...'
Sure 20, 25–28

Rückkehr nach Ägypten und Exodus

Der Überlieferung nach begleitete Aaron seinen Bruder Mose auf
dem Weg nach Ägypten. Dort unterbreiteten sie gemeinsam den
Ältesten und dem Volk der Israeliten die Botschaft, die Mose von
Gott empfangen hatte:

Da glaubte das Volk, und als sie hörten, dass der Herr sich der
Israeliten angenommen und ihr Elend gesehen habe, verneigten
sie sich und warfen sich vor ihm nieder.
Ex 4,31

Wie Mose es anlegte, den Pharao davon zu überzeugen, das Sklavenvolk frei zu lassen und wie lange Mose in Ägypten mit dem
Pharao verhandelte, kann aus dem biblischen Bericht nur vermutet werden. Trotzdem kann man den Schilderungen entnehmen,
dass es nicht allzu lange gedauert haben dürfte, maximal einige
Wochen oder wenige Monate. Man kann davon ausgehen, dass
der Pharao sich gegen die Auswanderungsbestrebungen der
Israeliten stellte. Dies würde auch erklären, warum er den Befehl
gab, ihnen noch schwerere Arbeiten aufzulasten:

Am selben Tag noch gab der Pharao den Antreibern der Leute
und den Listenführern die Anweisung: Gebt den Leuten nicht
mehr, wie bisher, Stroh zum Ziegelmachen! Sie sollen selber
gehen und sich Stroh besorgen. Legt ihnen aber das gleiche Soll
an Ziegeln auf, das sie bisher erfüllen mussten. Lasst ihnen
davon nichts nach! Denn sie sind faul, und deshalb schreien
sie: Wir wollen gehen und unserem Gott Schlachtopfer dar-
bringen.
Ex 5,6–9

Beschrieben werden zehn Plagen bzw. Katastrophen, von denen
Ägypten heimgesucht wurde. Konkret handelte es sich nach
biblischem Bericht um folgende Plagen (Ex 7–11):

1) Nilwasser wird zu Blut
2) Frösche
3) Stechmücken
4) Ungeziefer
5) Tierseuche
6) Geschwüre bei Menschen und Tieren
7) Hagel
8) Heuschrecken
9) Dreitägige Finsternis
10) Tod aller Erstgeburten

Der Pharao entzog sich mehrfach dem Versprechen, das israelitische Volk in die Freiheit zu entlassen. Nach der zehnten Plage
jedoch, bei der auch sein ältester Sohn gestorben sein soll, war es
endlich soweit, und die Israeliten durften wirklich aus Ägypten
ausziehen:

Der Pharao ließ Mose und Aaron noch in der Nacht rufen und
sagte: Auf, verlasst mein Volk, ihr beide und die Israeliten!
Geht und verehrt Jahwe, wie ihr gesagt habt. Auch eure Schafe,
Ziegen und Rinder nehmt mit, wie ihr gesagt habt. Geht und
betet auch für mich! Die Ägypter drängten das Volk, eiligst
das Land zu verlassen, denn sie sagten: Sonst kommen wir
noch alle um.
Ex 12,31–33

Mose führte sein Volk, das bereits gut auf den Auszug vorbereitet war, aus Ägypten heraus in ein Schilfmeer. Der biblische Bericht spricht von 600.000 Männern (Ex 12,37). Hochgerechnet wären das inklusive Frauen und Kinder rund drei Millionen Personen gewesen. Diese Zahl ist mit Sicherheit viel zu hoch. Es ist auch hier anzunehmen, dass es sich um eine Symbolzahl handelt, deren genaue Bedeutung heute nicht mehr bekannt ist. Drei Millionen Menschen mit Tieren und Gepäck hätten einen Konvoi von rund 1.000 Kilometern Länge gebildet: Die ersten wären schon längst in Kanaan gewesen, wenn die letzten Ägypten verlassen hätten. Geht man davon aus, dass auf der Halbinsel Sinai maximal 5.000 bis 10.000 Nomaden leben konnten, reduziert sich die Maximalzahl der Israeliten deutlich. Möglicherweise waren es sogar weniger als 1.000 Personen – manche Forscher sprechen nur von wenigen Stämmen, die Mose anführte. So dürften auch die in Ri 5,8 und in Jos 4,13 erwähnten 40.000 Männer mehr eine Symbolzahl sein, denn eine reale Mengenangabe.

Der Auszug aus Ägypten geschah wahrscheinlich nicht unblutig. Laut biblischem Bericht reute den Pharao das Fortgehen der Israeliten und er jagte zusammen mit einer großen Streitmacht hinter dem ausziehenden Volk her. Auf sein Flehen hin sprach Gott zu Mose:

Heb deinen Stab hoch, streck deine Hand über das Meer und spalte es, damit die Israeliten auf trockenem Boden in das Meer hineinziehen können ... Mose streckte seine Hand über das Meer aus, und der Herr trieb die ganze Nacht das Meer durch einen starken Ostwind fort. Er ließ das Meer austrocknen und das Wasser spaltete sich. Die Israeliten zogen auf trockenem Boden ins Meer hinein, während rechts und links von ihnen das Wasser wie eine Mauer stand. Die Ägypter setzten ihnen nach; alle Pferde des Pharao, seine Streitwagen und Reiter zogen hinter ihnen ins Meer hinein ... Darauf sprach der Herr zu Mose: Streck deine Hand über das Meer, damit das Wasser zurückflutet und den Ägypter, seine Wagen und Reiter, zudeckt ... Das Wasser kehrte zurück und bedeckte Wagen und Reiter, die ganze Streitmacht des Pharao, die den Israeliten ins Meer nachgezogen war. Nicht ein Einziger von ihnen blieb übrig. Die Israeliten aber waren auf trockenem Boden mitten durch das Meer gezogen, während rechts

und links von ihnen das Wasser wie eine Mauer stand. So rettete
der Herr an jenem Tag Israel aus der Hand der Ägypter. Israel
sah die Ägypter tot am Strand liegen.
Ex 14,16–30

Damit war die jahrelange Knechtschaft der Israeliten in Ägypten
beendet. Der Auszug oder *Exodus*, von dem im gleichnamigen
Buch des Pentateuch berichtet wird, zählt zu den wichtigsten
Ereignissen der jüdischen Glaubensgeschichte, ist aber auch für
Christen und für Muslime von zentraler Bedeutung.

Die Jahre der Wanderung und der Bund am Sinai

Die Zeit der Wanderung durch die Wüste wird im Pentateuch mit
40 Jahren angegeben (z. B. Num 32,13). Würde man diese Zahl
wörtlich nehmen und mit heutigen Maßstäben messen, so würde
es verwundern, dass ein ganzes Volk 40 Jahre lang in einem rund
60.000 Quadratkilometer großen Gebiet herumirrte, ohne den
Weg in das Nachbarland zu finden. Wie oben schon ausgeführt,
ist 40 eine Symbolzahl, die in diesem Zusammenhang für eine
sehr große Zeitspanne steht. Viele Forscher gehen deshalb davon
aus, dass Mose ursprünglich nicht vorhatte, sich irgendwo per-
manent niederzulassen. Vielmehr wäre für ihn das nomadische
Leben das Ideal gewesen, und der eigentliche Plan lautete nicht,
irgendwo sesshaft zu werden, sondern nur die vorägyptische
Lebensweise fortzusetzen. Erst die Pentateuchredaktion hätte
nach dieser Theorie die spätere Landnahme auf Mose projiziert
und Kanaan bereits von Ägypten weg als das endgültige Reiseziel
proklamiert. So würde die Zeitspanne von 40 Jahren eine lange
Periode des Übergangs vom Nomaden- bzw. Halbnomadentum
bis zur endgültigen Sesshaftwerdung bezeichnen. Mehrheitlich
gehen Forscher heute von ein- bis zwei wandernden Generationen aus, wobei hier die im Verhältnis zur heutigen Zeit viel
geringere Lebensdauer der Menschen zu berücksichtigen ist: Im
Durchschnitt hatten die Menschen damals eine Lebenserwartung, die zwischen 20 und 30 Jahren lag, während rund zehn
Prozent der Bevölkerung über 60 Jahre alt wurde.
   In dieser Zeit der Wanderung zeigte Mose dem Volk nicht
nur den zu gehenden Weg, sondern er gab auch neue religiöse

Akzente und neue ethische Richtlinien vor. Die Bibel zeigt, dass Mosis Führerschaft nicht immer die volle Akzeptanz des Volkes hatte. Öfter wird vom Aufmurren des Volkes berichtet, vom Zweifel, ob der von ihm propagierte Gott wirklich so mächtig sei oder ob dieser das Volk nicht vielmehr ins Verderben stürzen werde. Obwohl Mose mehrere Wunder vollbrachte (Wasserquelle mitten in der Wüste, Wachteln und Manna als Nahrungsmittel usw.), hielt deren Glaubenswirkung bei den Israeliten jedoch immer nur kurz an.

Mitunter stand Mose zwischen dem jammernden und ungläubigen Volk und dem in den Berichten oft streng wirkenden JHWH mit seinen Forderungen und Strafen. An einer Stelle berichtet die biblische Erzählung sogar davon, wie Mose um seinen Tod bat, um das alles nicht weiter ansehen und miterleben zu müssen:

> *Das Volk lag dem Herrn mit schweren Vorwürfen in den Ohren. Als der Herr das hörte, entbrannte sein Zorn; das Feuer des Herrn brach bei ihnen aus und griff am Rand des Lagers um sich. Da schrie das Volk zu Mose und Mose setzte sich beim Herrn für sie ein. Darauf ging das Feuer wieder aus ... die Israeliten begannen wieder zu weinen und sagten: Wenn uns doch jemand Fleisch zu essen gäbe ... Da entbrannte der Zorn des Herrn; Mose aber war verstimmt und sagte zum Herrn: ... Wenn du mich so behandelst, dann bring mich lieber gleich um, wenn ich überhaupt deine Gnade gefunden habe. Ich will mein Elend nicht mehr ansehen.*
> Num 11,1–15

Mose war aber nicht nur ein Führer, der dem Volk den Weg zeigte und es religiös leitete. In Ex 18 wird berichtet, wie Mose über das Volk Gericht hielt und so auch die Funktion des obersten Richters einnahm:

> *Am folgenden Morgen setzte sich Mose, um für das Volk Recht zu sprechen. Die Leute mussten vor Mose vom Morgen bis zum Abend anstehen. Als der Schwiegervater des Mose sah, was er alles für das Volk zu tun hatte, sagte er: Was soll das, was du da für das Volk tust? Warum sitzt du hier allein und die vielen Leute müssen vom Morgen bis zum Abend vor dir anstehen? Mose*

antwortete seinem Schwiegervater: Die Leute kommen zu mir,
um Gott zu befragen. Wenn sie einen Streitfall haben, kommen sie
zu mir. Ich entscheide dann ihren Fall und teile ihnen die Gesetze
und Weisungen Gottes mit.
Ex 13,13–16

In weiterer Folge setzte Mose „tüchtige Männer" (Ex 18,24) des
Volkes als Richter ein, die die Aufgabe der Rechtsprechung über-
nahmen. Die Israeliten waren also ein theokratisches Volk, deren
oberste Rechtsgrundlage die Gottesgesetze waren, die Mose von
Gott empfing und den Menschen weitergab.

Das zentrale Ereignis der langen Wanderung durch die Wüste
ist der *Bundesschluss* mit den Geboten und Verboten. Insgesamt
zählen die Juden 365 Verbote (so viele Verbote, wie das Jahr Tage
hat) und 248 Gebote (so viele Gebote, wie das Skelett Knochen
hat), was in Summe die Zahl 613 ergibt. Diese Ge- und Verbote
teilen sich auf in Gesetzes-, Kult- und Essensvorschriften.

Die Annahme der Gebote war ein langer Prozess für das
israelitische Volk. Es hat mit Sicherheit weit mehr als eine Generation gedauert, bis die Menschen die ägyptischen und die
vorägyptischen Wurzeln abgelegt hatten, und sich der Glaube
an den einen Gott JHWH durchsetzen konnte.

Mose selbst zog sich immer wieder auf den Berg zum Beten
und Nachdenken zurück. Allein im Kapitel 19 des Exodusbuches
steigt Mose mindestens dreimal auf den Berg, um mit Gott zu
reden. Oft dürften seine Aufenthalte mehrere Tage oder auch Wochen gedauert haben. In dieser Zeit wandte sich das Volk immer
wieder von den neuen Geboten und von JHWH ab. Ausführlich
wird im Pentateuch vom *Goldenen Kalb* berichtet (Ex 31,18–33,6).
Auch hier war Mose lange auf dem Berg, und das Volk wusste
nicht, wo er verblieben war:

Als das Volk sah, dass Mose noch immer nicht vom Berg herab-
kam, versammelte es sich um Aaron und sagte zu ihm: Komm,
mach uns Götter, die vor uns herziehen. Denn dieser Mose, der
Mann, der uns aus Ägypten heraufgebracht hat – wir wissen
nicht, was mit ihm geschehen ist.
Ex 32,1

Es war ausgerechnet Aaron, der das Kalb goss und davor einen Altar errichtete. Anscheinend war Moses Verhalten nicht nur für sein Volk, sondern auch für seine engsten Vertrauten schwer nachvollziehbar. So wandten sich in Num 12 sogar Aaron und Mirjam gegen ihren Bruder. Mag sein, dass seine ägyptische Abstammung der Grund dafür war oder seine kuschitische Frau. Wahrscheinlich war es aber der von ihm vertretene und mit den Lebenserfahrungen der Israeliten nicht zusammenpassende Monotheismus oder die von ihm geforderte Einhaltung von neuen Gesetzen und ethischen Handlungsrichtlinien. Sicher ist, dass sich das Volk immer wieder gegen Mose auflehnte und er manchmal sogar um sein Leben fürchten musste:

Mose schrie zum Herrn: Was soll ich mit diesem Volk anfangen?
Es fehlt nur wenig und sie steinigen mich.
Ex 17,4

Es war also keine ruhige Wanderung durch die Wüste. Vielmehr lebte Mose viele Jahre als Anführer eines Volkes, zu dem er – abgesehen von den Kindheitstagen – erst im Erwachsenenalter gestoßen war und dessen Schicksal der verpflichtenden Fronarbeit er nie geteilt hatte. Nur langsam entwickelte sich bei den Israeliten der Glaube an den einen und für viele möglicherweise auch neuen Gott. Wahrscheinlich spielte der Monotheismus in Israel aber frühestens bei den Propheten des 8. Jh. eine wirkliche Rolle, die ihn mit ihrer „Jahwe-Allein-Bewegung" in ganz Israel durchsetzen wollten. Dieses Ziel war ab der Exilszeit (Mitte 6. Jh. v. Chr.) mehr oder weniger verwirklicht. Der in der Bibel geschilderte Kampf des Mose, den Glauben an Gott als den einzigen in Israel durchzusetzen, ist nach heutigem Forschungsstand eine spätere theologische Bearbeitung des Mose-Stoffs.

Der biblische Bericht spricht von einem Bund zwischen Gott und den Menschen (Ex 24), der nach dem Glaubensabfall mit dem Goldenen Kalb wieder erneuert wurde (Ex 33 f.). Im Zentrum dieses Bundes stand und steht auch heute noch der Glaube an den einen Gott, an den „Ich-bin-da", wie sich JHWH selbst bezeichnet hatte (Ex 3,14). Dieser Gott wird in den biblischen Berichten als ein Gott geschildert, der in die Geschichte eingreift und der den Menschen in ihrer Not hilft. So beginnen die *Zehn*

Gebote nicht mit der Aussage „Das sind die Gebote, die du zu halten hast", sondern mit der Erinnerung an die Großtat der Rettung aus der ägyptischen Knechtschaft:

Dann sprach Gott alle diese Worte: Ich bin Jahwe, dein Gott, der dich aus Ägypten geführt hat, aus dem Sklavenhaus. Du sollst neben mir keine anderen Götter haben. Du sollst dir kein Gottesbild machen ...
Ex 20,1–4

Mose verkündete dem Volk einen Gott, der viel stärker und mächtiger war, als alle anderen Götter, von denen sie gehört oder die sie angebetet hatten. Dieser Gott war absolut und verlangte die Abwendung von allen anderen Götzen und Göttern. Die Menschen konnten diesen Gott nicht sehen und sie durften sich von ihm auch kein Bild machen. Der einzige Mensch, der Gott je sah und ihm Auge in Auge gegenüber stand, war Mose.

Der Herr und Mose redeten miteinander Auge in Auge, wie Menschen miteinander reden.
Ex 33,10

Nach einer dieser Unterredungen strahlte die Haut von Moses Gesicht, sodass sich nicht nur das Volk, sondern auch seine engsten Vertrauten vor ihm fürchteten:

Während Mose vom Berg herunterstieg, wusste er nicht, dass die Haut seines Gesichtes Licht ausstrahlte, weil er mit dem Herrn geredet hatte. Als Aaron und alle Israeliten Mose sahen, strahlte die Haut seines Gesichtes Licht aus, und sie fürchteten sich, in seine Nähe zu kommen. Erst als Mose sie rief, kamen Aaron und alle Sippenhäupter der Gemeinde zu ihm zurück und Mose redete mit ihnen.
Ex 34,29–31

Eine vermutliche Fehlübersetzung dieser Bibelstelle führte zu der bekanntesten Darstellung des Mose, nämlich zu der in der römischen Basilika San Pietro in Vincoli zu bewundernden *Skulptur des gehörnten Mose* von *Michelangelo*. Laut biblischem Bericht hatte

Mose aber keine Hörner (hebr. „qaeraen"), sondern es war seine Haut, die leuchtend erstrahlte (hebr. „qāran"), als er vom Berg herunterkam. Es gibt allerdings auch Forscher, die diese Stelle für keine Fehlübersetzung halten: Ihrer Meinung nach verweist sie auf sehr alte Einflüsse kanaanäischer Gottheitsvorstellungen (gehörnte Gottheiten), die hier in einer sehr frühen Zeit auf Mose übertragen wurden, so dass dieser als gehörnter Heilsbringer vom Berg heruntersteigt.

Insgesamt dauerte der Aufenthalt von Mose und den Israeliten am Gottesberg rund ein Jahr. Warum die Bibel hier so genaue Angaben macht, ist unklar:

> *Im dritten Monat nach dem Auszug der Israeliten aus Ägypten*
> *– am heutigen Tag – kamen sie in der Wüste Sinai an.*
> Ex 19,1

> *Am zwanzigsten Tag des zweiten Monats im zweiten Jahr erhob*
> *sich die Wolke über der Wohnstätte der Bundesurkunde. Da*
> *brachen die Israeliten von der Wüste Sinai auf ...*
> Num 10,11 f.

Nach dieser langen Unterbrechung führte Mose das Volk viele Jahre von Ort zu Ort. Eine lange Liste der Lagerstationen findet man in Num 33.

Der Tod des Mose

Laut biblischem Bericht starb Mose im Alter von 120 Jahren kurz vor dem Einzug in das verheißene Land. Geht man davon aus, dass die Landnahme für Mose wirklich ein erstrebenswertes Ziel war, stellt sich die Frage, warum Mose das Erreichen des Zieles nicht mehr erleben durfte. Im Buch Numeri wird eine Verfehlung angedeutet, die Mose zusammen mit seinem Bruder Aaron gegen Gott beging. Worin diese Verfehlung genau lag, bleibt unerwähnt.

> *Steig auf das Abarimgebirge dort und sieh dir das Land an, das*
> *ich den Israeliten gegeben habe. Wenn du es gesehen hast, wirst*
> *du mit deinen Vorfahren vereint werden wie dein Bruder Aaron;*

denn ihr habt euch in der Wüste Zin meinem Befehl widersetzt,
als die Gemeinde aufbegehrte und ihr vor ihren Augen hättet
bezeugen sollen, dass ich der Heilige bin.
Num 27,12–14

Mehr ist über den Grund des Dahinscheidens Mose aus der
Bibel nicht zu erfahren. Aber nicht nur Mose und Aaron durften
das gelobte Land nicht betreten. Etwas später im selben Buch
wird wiederholt vom Zorn Gottes gegen das Volk der Israeliten
berichtet:

Auf keinen Fall werden die, die aus Ägypten heraufgekommen
sind, die Männer von zwanzig Jahren und darüber, das Land zu
sehen bekommen, das ich Abraham, Isaak und Jakob mit einem
Eid zugesichert habe; denn sie haben nicht treu zu mir gehalten.
Nur der Kenasiter Kaleb, der Sohn Jefunnes, und Josua, der Sohn
Nuns, waren ausgenommen, denn sie hielten treu zum Herrn.
Num 32,11 f.

Einzig Josua und Kaleb konnten das gelobte Land betreten. Mose
wird in dieser Passage jedoch nicht erwähnt.

Im Gegensatz zu vielen biblischen und außerbiblischen Gestalten sind von Mose keine letzten Worte überliefert. Im Buch
Deuteronomium findet man einen langen und hymnischen Segen
des Mose, der Bericht von seinem Tod ist aber eher schlicht:

Mose stieg aus den Steppen von Moab hinauf auf den Nebo,
den Gipfel des Pisga gegenüber Jericho, und der Herr zeigte ihm
das ganze Land. Er zeigte ihm Gilead bis nach Dan hin, ganz
Naftali, das Gebiet von Efraim und Manasse, ganz Juda bis zum
Mittelmeer, den Negeb und die Jordangegend, den Talgraben von
Jericho, der Palmenstadt, bis Zoar. Der Herr sagte zu ihm: Das
ist das Land, das ich Abraham, Isaak und Jakob versprochen habe
mit dem Schwur: Deinen Nachkommen werde ich es geben. Ich
habe es dich mit deinen Augen schauen lassen. Hinüberziehen
wirst du nicht. Danach starb Mose, der Knecht des Herrn, dort in
Moab, wie es der Herr bestimmt hatte. Man begrub ihn im Tal, in
Moab, gegenüber Bet-Pegor. Bis heute kennt niemand sein Grab.
Mose war hundertzwanzig Jahre alt, als er starb. Sein Auge war

noch nicht getrübt, seine Frische war noch nicht geschwunden. Die Israeliten beweinten Mose dreißig Tage lang in den Steppen von Moab. Danach war die Zeit des Weinens und der Klage um Mose beendet. Josua, der Sohn Nuns, war vom Geist der Weisheit erfüllt, denn Mose hatte ihm die Hände aufgelegt. Die Israeliten hörten auf ihn und taten, was der Herr dem Mose aufgetragen hatte.
Dtn 34,1–9

Auf dem Berg Nebo, der im heutigen Jordanien liegt, wird der Sterbeort Moses verehrt. Die Tatsache, dass es ungewiss ist, wo er begraben wurde, spricht für die These, Mose sei wirklich „unterwegs" gestorben und die Landnahme wäre nicht sein Ziel gewesen. Wäre das Volk schon sesshaft gewesen, hätte man ihm sicher ein Grab errichtet, welches zur Pilgerstätte für die nachfolgenden Generationen geworden wäre. So begrub man ihn aber vermutlich außerhalb des gelobten Landes und den nachfolgenden Generationen war dadurch der Ort seiner Beisetzung nicht mehr bekannt.

Josua wurde Moses Nachfolger und ihm war es laut biblischem Befund vergönnt, das Volk nach Kanaan zu führen. Josua, der in der Bibel erstmals im Buch Exodus (17,9) erwähnt wird, spielt im Pentateuch nur eine untergeordnete Rolle. Er war laut den Berichten ein treuer Wegbegleiter von Mose und wurde von ihm selbst als der neue Führer des Volkes eingesetzt:

Mose rief Josua herbei und sagte vor den Augen ganz Israels zu ihm: Empfange Macht und Stärke: Du sollst mit diesem Volk in das Land hineinziehen, von dem du weißt: Der Herr hat ihren Vätern geschworen, es ihnen zu geben. Du sollst es an sie als Erbbesitz verteilen.
Dtn 31,7

Damit gehört Mose zu den wenigen Religionsstiftern, die einen Nachfolger für die Zeit nach ihrem Tod bestimmt haben. Der Bericht des Pentateuchs endet mit einer Laudatio auf Mose, auf sein Leben und auf sein besonderes Wirken. Nur selten findet man in der Bibel ähnliche lobende Worte über einen Menschen. Der hohe Stellenwert, der Mose heute von den Juden wie auch von den Christen und Muslimen entgegengebracht wird, lässt sich nicht zuletzt aus diesen Worten erahnen:

Niemals wieder ist in Israel ein Prophet wie Mose aufgetreten. Ihn hat der Herr Auge in Auge berufen. Keiner ist ihm vergleichbar, wegen all der Zeichen und Wunder, die er in Ägypten im Auftrag des Herrn am Pharao, an seinem ganzen Hof und an seinem ganzen Land getan hat, wegen all der Beweise seiner starken Hand und wegen all der Furcht erregenden und großen Taten, die Mose vor den Augen von ganz Israel vollbracht hat.
Dtn 34,10–12

Die Lehre des Mose

Im Pentateuch sind nach jüdischer Zählung 613 Ge- und Verbote aufgelistet, die auf Mose zurückgehen sollen bzw. die Mose laut Überlieferung von Gott empfangen und den Israeliten verkündet haben soll. Die bekannteste Gebotsliste sind die sowohl im Buch Exodus (Kapitel 20) als auch im Buch Deuteronomium (Kapitel 5) überlieferten sogenannten zehn Worte, die auch *Dekalog* bzw. umgangssprachlich *zehn Gebote* genannt werden. Diese zehn Worte haben eine Doppelbedeutung: Sie bezeichnen sowohl Vorschriften als auch mögliche Zukunftsaussichten, denn im „du sollst" bzw. im „du sollst nicht" ist in der hebräischen Sprache immer auch die Perspektive des „du wirst" bzw. des „du wirst nicht" enthalten. Die von JHWH gegebenen und von Mose dem Volk verkündeten Gebote stellen also keinen reinen Imperativkatalog dar. Vielmehr beginnt die Aufzählung mit der Erinnerung an die Heilstat Gottes, der das Volk aus der Sklaverei führte. Wer an diesen Gott glaubt, wird nicht töten, braucht, weil es eine gerechte Gesellschaft ist, nicht zu stehlen, wird nicht lügen usw.

Die beiden biblischen Dekalogsberichte unterscheiden sich an manchen Stellen voneinander und es ist nicht einfach, aus den beiden Texten genau zehn Gebote herauszulesen. So verwundert es nicht, dass die Juden eine andere Zählweise als die Christen haben, wobei die unterschiedlichen christlichen Konfessionen ihrerseits mehrere Zählvarianten kennen.

Während viele der 613 Ge- und Verbote erst Jahrhunderte nach Mose entstanden sind, wird vielfach angenommen, dass eine ursprüngliche Form von zehn ethischen Regeln tatsächlich auf Mose zurückgeht. Zwar gibt es im ägyptischen und im babylonischen Raum Parallelen zum Dekalog, es erstaunt aber sehr, dass auch in Kulturen außerhalb des biblischen Einflussbereiches (z. B. bei den Maori in Neuseeland) ähnliche Gebotstafeln entstanden sind. Eine dieser Gebotslisten, die der Masai in Afrika, sei hier exemplarisch angeführt:

1. *Ihr sollt euch kein Bild von Gott machen.*
2. *Ihr sollt keine Menschen töten.*
3. *Ihr sollt nicht das Eigentum eines anderen Masai nehmen.*
4. *Ihr sollt euch vertragen und nicht miteinander streiten.*
5. *Kein Mann soll die Frau eines Verheirateten berühren.*
6. *Wenn ein Masai seinen Besitz verloren hat, sollen ihn die anderen unterstützen.*
7. *Nur einer soll über euch herrschen.*
8. *Der Mann soll immer nur eine Frau haben.*
9. *Ihr sollt keine weiblichen Tiere töten.*

Das 10. Gebot schreibt zwei religiöse Feste im Jahr vor.
Wickler, S. 55 f.

Gerade in Gesellschaften, die des Lesens unkundig waren, dürften sich die Menschen zehn Lebensregeln leicht eingeprägt haben – zehn Gebote meint eine Lebensregel für jeden Finger an beiden Händen: Das wäre auch eine Erklärung, warum Mose zwei Gebotstafeln hatte.

Auch das *Lex talionis*, das Prinzip der Verhältnismäßigkeit bei Strafen, dürfte von Mose vertreten worden sein. Es ist zwar schon in der Zeit vor Mose beispielsweise im mesopotamischen Codex Hammurapi (ca. um 1700 vor Chr.) bezeugt, aber erst Mose dürfte es bei den Israeliten eingeführt haben. Das Lex talionis beendete die archaischen Vergeltungsformen und regelte die Rache und die Vergeltung bei Straftaten:

Wer einen Menschen erschlägt, wird mit dem Tod bestraft. Wer ein Stück Vieh erschlägt, muss es ersetzen: Leben für Leben. Wenn jemand einen Stammesgenossen verletzt, soll man ihm antun,

was er getan hat: Bruch um Bruch, Auge um Auge, Zahn um
Zahn. Der Schaden, den er einem Menschen zugefügt hat, soll
ihm zugefügt werden. Wer ein Stück Vieh erschlägt, muss es
ersetzen; wer aber einen Menschen erschlägt, wird mit dem Tod
bestraft. Gleiches Recht soll bei euch für den Fremden wie für den
Einheimischen gelten; denn ich bin der Herr, euer Gott.
Lev 24,17–22

Im Gegensatz zur vormosaischen Zeit, wo etwa in Gen 34 berichtet
wird, wie die Söhne Jakobs alle Männer einer Stadt töteten, weil
einer von ihnen ihre Schwester Diana vergewaltigt hatte, regelte
das Lex talionis das Maß der Strafen: Wer einem anderen das Auge
ausschlägt, darf dafür nicht getötet werden, sondern auch ihm
soll ein Auge ausgeschlagen werden – nicht mehr aber auch nicht
weniger. Analog war bei den anderen Vergehen zu verfahren.

Wie oben schon ausgeführt, dürfte die Landnahme bzw. die
Sesshaftwerdung nicht Moses Ziel gewesen sein. Vielmehr war
er seit seiner Flucht aus Ägypten bis zu seinem Tod ein Nomade.
Aus diesem Grund können viele der Ge- und Verbote, die im
Pentateuch Mose zugesprochen werden, nicht auf ihn zurückgehen, denn sie entsprechen nicht den Wüstenverhältnissen und
setzen teilweise die Sesshaftwerdung voraus. So werden Feste
beschrieben, die sich nicht in der kurzen Zeit seit dem Auszug herausgebildet haben können, sondern einen Entwicklungsprozess
voraussetzen. Auch wenn in manchen Geboten der Ackerbau
vorausgesetzt wird, wie in Ex 22,

Wenn jemand ein Feld oder einen Weinberg abbrennt und das
Feuer sich ausbreiten lässt, sodass es das Feld eines andern in
Brand steckt, dann soll er den besten Ertrag seines Feldes oder
Weinbergs als Ersatz dafür geben.
Ex 22,4

oder wenn gar Opfergaben von den Erstlingsfrüchten verlangt
werden, wie in Ex 34,

Von den Erstlingsfrüchten deines Ackers sollst du die besten in
das Haus des Herrn, deines Gottes, bringen.
Ex 34,26

können diese Gebote in keiner nomadischen Gesellschaft entstanden sein. Ähnlich ist es bei den Sabbatgeboten, die fixe Arbeitszeiten voraussetzen, und bei den Erntegesetzen.

Im Zentrum der Verkündigung des Mose stehen aber nicht die Ge- und Verbote, sondern der *Glaube an den einen alleinigen Gott*, der mit den Israeliten einen Bund schloss. Dieser Bund, der auch eine große Verpflichtung darstellt, ist für die Juden heute noch der Garant dafür, von Gott besonders ausgewählt zu sein. Im *Schema Israel*, das zusammen mit den nachfolgenden Bibelversen das zentrale jüdische Glaubensbekenntnis bildet, bekennen die Juden diesen von Mose gelehrten Glauben an den einen Gott:

> *Höre, Israel! Jahwe, unser Gott, Jahwe ist einzig. Darum sollst du den Herrn, deinen Gott, lieben mit ganzem Herzen, mit ganzer Seele und mit ganzer Kraft. Diese Worte, auf die ich dich heute verpflichte, sollen auf deinem Herzen geschrieben stehen. Du sollst sie deinen Söhnen wiederholen. Du sollst von ihnen reden, wenn du zu Hause sitzt und wenn du auf der Straße gehst, wenn du dich schlafen legst und wenn du aufstehst. Du sollst sie als Zeichen um das Handgelenk binden. Sie sollen zum Schmuck auf deiner Stirn werden. Du sollst sie auf die Türpfosten deines Hauses und in deine Stadttore schreiben.*
> Dtn 6,4–9 (Erster Teil des Schema Israel)

Abschließend sei hier noch das sogenannte kleine geschichtliche Credo erwähnt. Laut Ansicht mancher Forscher könnte es tatsächlich auf Mose zurückgehen und das von ihm gelehrte Glaubensbekenntnis gewesen sein.

> *Du aber sollst vor dem Herrn, deinem Gott, folgendes Bekenntnis ablegen: Mein Vater war ein heimatloser Aramäer. Er zog nach Ägypten, lebte dort als Fremder mit wenigen Leuten und wurde dort zu einem großen, mächtigen und zahlreichen Volk. Die Ägypter behandelten uns schlecht, machten uns rechtlos und legten uns harte Fronarbeit auf. Wir schrien zum Herrn, dem Gott unserer Väter, und der Herr hörte unser Schreien und sah unsere Rechtlosigkeit, unsere Arbeitslast und unsere Bedrängnis. Der Herr führte uns mit starker Hand und hoch erhobenem*

Arm, unter großem Schrecken, unter Zeichen und Wundern aus
Ägypten, er brachte uns an diese Stätte und gab uns dieses Land,
ein Land, in dem Milch und Honig fließen.
Dtn 26,5–9

Die Entwicklung des Judentums
nach Mosis Tod bis heute

Bald nach Mosis Tod zogen die Israeliten unter der Führung
Josuas in das gelobte Land ein und wurden dort sesshaft. Zuerst regierten *Richter* über das Volk: Einzelne Personen, sowohl
Männer als auch Frauen, hatten wichtige Leitungsfunktionen
inne und zu ihren Aufgaben gehörte auch die Rechtsprechung.

Um das Jahr 1020 gab es eine große Änderung: Mit *Saul* wurde der *erste König Israels* gesalbt. Seine Nachfolger waren *David*
und dessen Sohn *Salomo.* Danach spaltete sich das Land in ein
Nordreich (Israel) und in ein Südreich (Juda).

Von den vielen einschneidenden Ereignissen des ersten vorchristlichen Jahrtausends seien hier noch zwei kurz erwähnt:
Zum einen die durch Nebukadnezar erfolgte *Eroberung Jeru-*
salems und damit die *Zerstörung des* unter Salomo errichteten
ersten Tempels im Jahre *586,* die in eine *bis ins Jahr 538* während
babylonische Gefangenschaft mündete. In dieser Zeit behielten die
Juden nicht nur ihre Identität, sondern es entwickelten sich auch
neue Quellen der Identität wie der Sabbat, die Beschneidung
oder eine Reihe von Speisegesetzen. Nach der Heimkehr wurde
der zweite Tempel errichtet, der über 500 Jahre lang das religiöse
Zentrum der Juden war.

Zum anderen hatte die *Eingliederung Palästinas in das römische*
Reich für das Judentum enorme Auswirkungen. Ab dieser Zeit
(Jerusalem wurde 63 v. Chr. besetzt) wuchs der Einfluss der
Römer kontinuierlich an, was zu großer Unzufriedenheit der
Bevölkerung führte. Zwei jüdische Aufstände gegen die Römer
führten im Jahre *70 n. Chr.* zur *Zerstörung des zweiten Tempels*
und im Jahre *135* zur *Zerstörung der jüdischen Siedlungen in Judäa*
verbunden mit dem Verbot für Juden, Jerusalem zu betreten.

Bereits vor dem Jahr 135 lebten viele Juden außerhalb Palästinas. Ab dem zweiten jüdischen Aufstand gegen die Römer waren

Juden aber im ganzen römischen Reich und auch darüber hinaus verstreut.

In der Spätantike und im frühen Mittelalter breiteten sich die Juden einerseits Richtung Babylonien aus. Andererseits lebten im Laufe der Jahrhunderte immer mehr Juden verstreut in vielen europäischen Ländern. Immer wieder kam es zu *Gettobildungen* und zu *schweren Pogromen*, denen vor allem ab dem 19. Jahrhundert unzählige europäische Juden zum Opfer fielen. Im 20. Jahrhundert wurden allein *in der Zeit des Nationalsozialismus etwa sechs Millionen Juden ermordet.*

Ab der zweiten Hälfte des 19. Jahrhunderts bildete sich eine jüdische Nationalbewegung (*Zionismus*), deren Ziel es war, einen eigenen jüdischen Staat in Palästina zu errichten. Im Jahre *1948* kam es schließlich zur Proklamation des Staates *Israel,* in dem heute über sechs Millionen Juden leben. Bis heute gibt es blutige Auseinandersetzungen zwischen Israel, den arabischen Nachbarstaaten und den Palästinensern.

BUDDHA

Siddharta Gautama lebte rund 500 Jahre vor unserer Zeitrechnung als Sohn einer adeligen Familie im heutigen Grenzgebiet zwischen Indien und Nepal. Er war wohlhabend, verheiratet und Vater eines Sohnes, ehe er mit knapp 30 Jahren seine Familie verließ, um auf die Frage nach dem leidvollen Dasein eine Antwort zu finden. Nach jahrelanger Suche erlangte er die vollkommene Erlösung und wurde zum *Buddha* (Sanskrit: „Erwachter", „Erleuchteter"). Um ihn entstand eine Gemeinschaft von Mönchen, Nonnen und Laienanhängern.

Auf Buddha geht der Buddhismus zurück, auch wenn es nicht seine Intention war, eine Religion zu gründen. Vielmehr zeigte er den Menschen einen Weg, um aus dem ewigen Kreislauf der Wiedergeburt auszubrechen. So ist der Buddhismus ebenso Weltanschauung wie Religion. Buddha selbst war kein Prophet und auch kein Gott. Er war ein Mensch, der sein Lebensziel erreicht hat und in das Nirvana eingegangen ist. Deshalb ist sein Leben Vorbild für seine Anhänger, die selbst diesen Weg gehen möchten.

Zeittafel: Siddharta Gautama und die Entwicklung des Buddhismus

vor Christus (ungefähre Angaben)

450	Geburt Buddhas in Lumbini
434	Hochzeit mit Yasodhara
421	Geburt des Sohnes Rahula und Weltflucht
414	Nachtwachen und Erweckung; Beginn der Predigttätigkeit und Aufbau der Mönchsgemeinschaft
370	Tod Buddhas in Kusinara
370	Erstes Konzil in Rajagaha
270	Zweites Konzil in Vaishali
250	Drittes Konzil in Pataliputra
1. Jh.	Niederschrift des Pali-Kanons auf Ceylon

nach Christus

2. Jh.	Entstehung des Mahayana-Buddhismus
8. Jh.	Der tantrische Buddhismus gelangt nach Tibet
um 1200	Der Buddhismus verschwindet aus Indien
12. Jh.	Der Zen-Buddhismus gelangt nach Japan
14. Jh.	Erster Dalai Lama: Offiziell wurde der Titel dem 3. Dalai Lama im 16. Jh. verliehen. Die ersten beiden bekamen diesen Titel posthum
1642	Der 5. Dalai Lama wird politisches und spirituelles Oberhaupt Tibets
1954–1956	6. Konzil von Rangun anlässlich des 2500. Geburtstags Buddhas, der am 23. 5. 1956 gefeiert wurde
1989	Der XIV. Dalai Lama erhält den Friedensnobelpreis
heute	Heute bekennen sich rund 400 Millionen Menschen vorwiegend aus asiatischen Staaten zum Buddhismus. Staaten mit buddhistischer Bevölkerungsmehrheit bzw. mit großen buddhistischen Gruppen sind beispielsweise Japan, Kambodscha, Laos, Myanmar (Burma), Sri Lanka (Ceylon), Thailand, Vietnam und die Mongolei. Im indischen Mutterland gibt es rund 10 Millionen Buddhisten. Nach dem Christentum, dem Islam und dem Hinduismus ist der Buddhismus heute die viertgrößte Weltreligion

Wichtige buddhistische Begriffe erklärt

Bodhisattva	Erleuchtungswesen; ein werdender Buddha, der auf den Eingang ins Nirvana verzichtet, um andere Menschen zu erlösen.
Buddha	Jemand, der Bodhi („Erwachen" bzw. „Erleuchtung") erfahren bzw. erlangt hat; Bezeichnung für den historischen Siddharta Gautama.
Hinayana	Buddhistische Strömung, auch Theravada genannt; Hinayana bedeutet wörtlich „Kleines Fahrzeug".

Karma	Grundlegendes Prinzip: alle Handlungen haben Auswirkungen.
Lamaismus	Teil der buddhistischen Strömung des Vajrayana; Ausbreitung in Nordindien und in Tibet; Oberhaupt des Lamaismus ist der Dalai Lama.
Mahayana	Richtung im Buddhismus, die auch „Großes Fahrzeug" genannt wird.
Nirvana	Erlöschen: vollkommener, vom Kreislauf der Wiedergeburt befreiter Zustand, in dem es kein Leid gibt.
Samsara	Ewiger Kreislauf der Wiedergeburt bzw. ewiger Kreislauf des Werdens und des Vergehens.
Shakyamuni	Sanskrit: „der Weise aus dem Geschlecht der Shakya"; Ehrentitel für Buddha.
Siddharta Gautama	„Bürgerlicher" Name des historischen Buddha.
Theravada	Siehe Hinayana.
Vajrayana	Siehe Lamaismus.
Zen-Buddhismus	Wichtigste Meditationsschule im Mahayana; in China im 6. Jh. entstanden; seit dem 13. Jh. vorwiegend in Japan verbreitet.

Quellen

Buddha hat seine Lehre in Form von Lehrgesprächen, Predigten und Unterweisungen weitergegeben, selbst verfasste er jedoch weder Schriften noch veranlasste er eine Verschriftlichung. So können für die Erforschung der Frage nach dem historischen Buddha nur sekundäre Quellen herangezogen werden. Zu diesen zählen sowohl die erst Genarationen später niedergeschriebenen Schriften als auch archäologisches und künstlerisches Material wie Reliefs und Inschriften auf Stupas.

Während sowohl archäologische Funde als auch Bilder nur in eingeschränkter Anzahl erhalten sind, gibt es eine unüberschaubare Fülle an schriftlichen Quellen, deren früheste rund 200 Jahre nach Buddhas Tod verfasst wurden. Die uns heute erhaltenen

Schriften sind jedoch nicht in Buddhas Muttersprache (Magadhi) niedergeschrieben, sondern in der damaligen Gelehrtensprache Sanskrit bzw. im mittelindischen Dialekt Pali. Berücksichtigt man weiter, dass die Menschen damals ein geringes historisches Interesse hatten und darüber hinaus die spärlichen biografischen Angaben durch zahlreiche Legenden ausgeschmückt sind, wird deutlich, wie schwer es ist, zu einer wissenschaftlich haltbaren Analyse der Vita Buddhas zu gelangen.

Buddha selbst wanderte nach seiner Erleuchtung mehr als vier Jahrzehnte im Land umher, lehrte und sprach mit den Menschen. So gab es bereits zum Zeitpunkt seines Todes teils unterschiedliche Geschichten und lokale Traditionen sein Leben und seine Lehre betreffend. Aus diesem Grund hielten die Mönche, die sich ihm angeschlossen hatten, bereits vier Monate nach seinem Tod in *Rajagaha* ein erstes Konzil ab, wo sie die authentischen Aussagen Buddhas sammelten bzw. definierten. Diese „approbierten Lehrreden" wurden aber nicht niedergeschrieben, sondern die Mönche lernten Teile davon auswendig und gaben diese an die jeweiligen nachfolgenden Generationen weiter.

Auf zwei weiteren Konzilen in *Vaishali* (rund 100 Jahre später) bzw. in *Pataliputra* (um das Jahr 250 v. Chr.) wurde dieser Textkanon revidiert und teilweise durch biografische Einschübe erweitert. Buddhabiografien gab es allerdings immer noch nicht.

Die mündlichen Überlieferungen wurden erst recht spät niedergeschrieben. Die älteste und aus dieser Zeit einzige erhaltene Schriftsammlung ist der im 1. Jh. vor Chr. in Ceylon (Sri Lanka) verfasste *Pali-Kanon* (Pali ist ein dem Sanskrit verwandter indischer Dialekt). Es handelt sich hierbei um eine systematische Niederschrift dessen, was damals von Buddha bekannt war. Auch wenn Buddha wahrscheinlich nicht Pali gesprochen hat, und seine Aussagen demnach nur Übersetzungen sind, und auch wenn die ältesten erhaltenen Schriftfunde des Pali-Kanons heute erst 500 Jahre alt sind, genießen diese Texte das höchste Ansehen und sind die bedeutendsten Schriften im Theravada.

Die ersten eigenständigen und das ganze Leben Buddhas umfassenden Biografien stammen aus dem 4. Jh. n. Chr. Daneben gibt es eine Reihe von Viten, die außerhalb Indiens entstanden sind und in unterschiedlichen Sprachen verfasst wurden.

Zusammenfassend ist über die Quellenlage zu sagen, dass die Rekonstruktion der Biografie des historischen Buddha wissenschaftlich gesichert nur in sehr groben Zügen möglich ist. Zweierlei ist hier zu bedenken:

Aus den frühen Texten können biografische Angaben deshalb nur eingeschränkt übernommen werden, weil es nicht die Intention der Textschreiber war, eine systematische Lebensgeschichte zu verfassen. Eine solche Intention war den damaligen Mönchen fremd. Vielmehr wollten sie mit ihren Schriften die Lehren und Regeln Buddhas sowie die hinter den historischen Ereignissen liegende Wahrheit niederschreiben und diese so weitertradieren.

Zum anderen gehören nach buddhistischer Vorstellung zu einer Biografie Buddhas nicht nur Berichte über den historischen Siddharta Gautama, sondern es müssen auch seine vorherigen (menschlichen und tierischen) Inkarnationen berücksichtigt werden. Diese sind in den sogenannten *Jatakas* (Sanskrit: „Vorgeburtsgeschichten") überliefert. Manche Biografien legen auf diese Präexistenzen mehr Wert als auf die Lebensgeschichte Siddhartas, weil sie aus der Sicht der Verfasser unabdingbare Vorstufen für sein letztes irdisches Leben und damit auch für seine Erweckung waren. Obendrein schmücken die Jatakas die Person Buddhas und seine Erlebnisse fast märchenhaft aus.

Die Welt, in der Siddharta Gautama lebte

Nordindien hatte zur Zeit, in der Buddha lebte, eine hoch entwickelte Kultur. Es gab bereits Städte und Berufsgruppen, aber auch das Problem des starken Gefälles zwischen der armen Bevölkerungsschicht und den Reichen. So war es in einem gewissen Sinn auch eine Zeit des sozialen und religiösen Umbruchs. Buddha selbst war stark von der Religion beeinflusst, in der er aufwuchs, und übernahm viele Vorstellungen seiner Zeit wie selbstverständlich. Vieles wurde von ihm jedoch auch kritisiert, abgelehnt oder verändert.

Siddharta Gautama wuchs in einer *hinduistischen* Gesellschaft auf. Diese Aussage ist im Grunde wenig inhaltsreich, denn der erst rund eineinhalb Jahrtausende später entstandene Terminus „Hinduismus" ist eine Sammelbezeichnung für die tausenden

Religionssysteme Indiens, die nie einheitlich waren und es auch heute nicht sind. Es gibt viele Unterschiede, aber einiges haben diese Religionssysteme doch gemeinsam:

Die Hindus sahen damals wie auch heute die Welt als einen ewig wiederkehrenden Kreislauf ohne Anfang und ohne Ende. *Samsara* nennen die Inder diesen endlosen Zyklus, der nicht nur für das Universum gilt, sondern auch für jedes Lebewesen. Das Leben beginnt nicht mit der Geburt und endet nicht mit dem Tod. Vielmehr beginnt nach dem Tod eine neue Existenz auf Erden und bereits vor der Geburt haben die Menschen schon auf der Erde gelebt. Dieser Kreislauf hört niemals auf. Was sich jedoch ändert, ist die Form, in der die *Reinkarnation* (Wiedergeburt) stattfindet. Diese hängt ab vom *Karma* des jeweiligen Lebewesens, also von dessen physischen und geistigen Handlungen bzw. Taten. Jede Tat und jeder Gedanke hat nicht nur für andere Personen und Dinge eine Wirkung, sondern vor allem auch für den Akteur selbst und führt dazu, dass dieses Lebewesen erneut wiedergeboren wird.

Der Kreislauf der Wiedergeburt wird als negativ bewertet, weil zu jedem Leben auch viel Leid gehört – von der Geburt bis zum Tod gibt es Schmerzen, Angst, unerfüllte Träume, Enttäuschungen usw. Das Ziel des Lebens besteht deshalb darin, diesem ewigen Kreislauf zu entrinnen. Möglich ist das durch *Moksha* (Sanskrit: „Erlösung", „Befreiung", „Erleuchtung").

Nicht in jeder Inkarnation kann die Erleuchtung erreicht werden, sondern die menschliche Gesellschaft ist unterteilt in Kasten, wobei es nur der Priesterkaste möglich ist, zur Erlösung zu gelangen und nicht mehr wiedergeboren zu werden. Die einzelnen Berufsgruppen, die man im Indischen als Jatis bezeichnet und von denen es fast 3000 gibt, werden den vier Hauptkasten (Varnas) zugeordnet.

Brahmanen: Priester, Gelehrte
Kshatriya: Krieger, Könige, Fürsten
Vaishya: Händler, Grundbesitzer, Ackerbauern
Shudra: Tagelöhner, Pachtbauern, Diener

Als letzte und unterste Gruppe sind die außerhalb des Kastensystems stehenden sogenannten Unberührbaren, zu nennen.

Dazu zählen Totengräber, Hebammen, Schlächter, Straßenkehrer usw. Als eigene Gruppe existieren die Unberührbaren erst ab dem 7. Jh. n. Chr.
Das eigentlich gesellschaftlich Prägende sind jedoch die Jatis, die quasi die Untergruppen der Kasten sind. Sie bestimmen nicht nur den Beruf sondern in ihnen wird geheiratet und nur mit den Angehörigen der eigenen Jati wird gegessen.

Die Rangfolge der Berufe und damit die Einteilung der Kasten hängen vom Grad der Reinheit ab, den ein Beruf mit sich bringt. Hebammen kommen ebenso wie Schlächter mit Blut in Berührung und sind deshalb genauso ganz unten anzusiedeln wie Totengräber oder Straßenkehrer, die beruflich ständig mit Unreinem zu tun haben. „Ganz oben" sind die Brahmanen anzusiedeln, weil sie sorgfältig auf die kultische Reinheit achten.
Zur Lebenszeit Buddhas hatten die Brahmanen das alleinige Monopol in religiösen Fragen. Ihre Praktiken und Ansichten wurden jedoch von vielen Menschen kritisch gesehen und teilweise in Frage gestellt. Nicht wenige Menschen zweifelten an der Wirksamkeit der Gebete und Handlungen der Brahmanen. So gab es eine religiöse Krise, die dazu führte, dass die Menschen unterschiedliche Wege einschlugen, um zum Heil zu gelangen.
Um die Jahrtausendwende v. Chr. entstand eine religiöse Opposition, die sich in die Wälder zurückzog, um eine andere Form der Religion zu leben. Aus ihrem Schrifttum, den Aranyakas, entstanden dann die Upanishads, von denen die ältesten ins 8./7. Jh. v. Chr. zurückreichen. Diese dialogisch angelegten Texte rücken den Kult in den Hintergrund und stellen die großen Lebensfragen wie „Woher kommt der Mensch?" oder „Was ist der Sinn des Lebens?" in den Vordergrund. Buddha war ein „Zeitgenosse der Upanishaden" (Lähnemann, S. 160) und teilte die Erfahrungen und Fragen der Waldsiedler. Seine Antworten unterschieden sich jedoch in bestimmten Aspekten. Für ihn war die Erleuchtung das zentrale Ereignis in seinem Leben und diese Erleuchtung wurde auch zur zentralen Erfahrung für seine Anhänger.
Schließlich ist bei der Beschreibung der Lebensverhältnisse des historischen Buddha auch der *Götterglaube* der Inder zu erwähnen. Die Hindus kannten damals und kennen auch heute noch viele Millionen Götter, wobei die Auffassung über deren

Existenz und Wirken deutlich differieren. Für die einen sind das transzendente Wesen, die ebenso wie die Menschen dem ewigen Kreislauf unterliegen und der Erlösung bedürfen. Andere verstehen unter Götter Wesen, die, obwohl dem Kreislauf des Werdens und Vergehens unterliegend, das Karma beeinflussen können, und wieder andere verehren Brahma als den höchsten Gott und Weltenschöpfer.

Buddha wurde in eine Welt mit unzähligen Göttern geboren. Er gewann aber die Erkenntnis, dass die Götter der Veden für das Heil der Menschen keine echte Bedeutung hätten, weil sie selbst Teil des Samsara, der Wandelwelt, sind und somit der Erlösung bedürfen. So kann man sagen, dass Buddha in einer götterfreien Welt starb.

Das Leben Buddhas

Probleme bei der Datierung der Lebenszeit und des Namens

Die genaue *Lebenszeit* Siddharta Gautamas ist umstritten. In vielen älteren Biografien wird für sein Geburtsjahr 620 v. Chr. und für sein Todesjahr 540 v. Chr. angegeben. Später wurden diese Jahreszahlen auf 560 bis 480 v. Chr. revidiert. Neuere Forschungen gehen aber davon aus, dass Buddha erst im 4. Jh. vor Chr. starb, weshalb nach heutigem Wissensstand als Lebensdaten 450 bis 370 v. Chr. anzunehmen sind. „So dramatisch diese Meinungsverschiedenheiten für einen westlichen Religionshistoriker erscheinen mögen, der es gewohnt ist, sich um den Tag von Luthers Thesenanschlag zu streiten, so unbedeutend sind solche Datierungs-Zwistigkeiten um knapp 200 Jahre im indischen Kontext, wo in diesem Zeitbereich Datierungsdifferenzen von 500 Jahren eher die Regel als die Ausnahme sind." (Payer, S. 150).

Auch wenn die genauen Geburts- und Sterbedaten umstritten sind, gibt es bei seinem Lebensalter einen großen Konsens: Viele Quellen berichten übereinstimmend, dass Buddha 80 Jahre alt wurde.

Ebenso vielschichtig wie die Lebensdaten sind auch die *Namen* des Buddha. Seine Familie stammte aus dem adeligen Geschlecht der *Shakya*, weshalb Buddha auch *Shakyamuni* genannt wird, was soviel wie „der Weise aus dem Geschlecht der Shakya" heißt.

Die zur Kshatriya-Kaste gehörende Familie wurde *Gautama* genannt und seine Eltern gaben ihrem Sohn den Namen *Siddharta*, was „der, der seine Aufgabe vollendet," bzw. „der, der sein Ziel erreicht," bedeutet. Während Buddha in der in Pali verfassten ältesten überlieferten Handschrift *Siddhattha Gotama* genannt wird, hat sich heute mit *Siddharta Gautama* die Sanskritfassung seines Namens allgemein durchgesetzt.

Bodhisattva (Sanskrit: „Erleuchtungswesen") ist ein weiterer Name, mit dem Buddha bezeichnet wird. Im Buddhismus gibt es mehrere Bodhisattvas. Bodhisattvas sind Menschen oder transzendente Wesen, die auf eigenen Entschluss hin erst dann ins Nirvana eingehen werden, wenn sie allen anderen Menschen geholfen haben, dorthin zu gelangen. Viele Quellen bezeichnen Buddha bis zu seiner Erleuchtung Bodhisattva und nennen ihn erst danach Buddha.

Der bekannteste und am häufigsten verwendete Name für Siddharta Gautama ist jedoch *Buddha*. Buddha wird oft als „Erleuchteter" übersetzt, heißt aber wörtlich „Erwachter". Ein Buddha ist jemand, der Bodhi („Erwachen" bzw. „Erleuchtung") erfahren bzw. erlangt hat, d. h. der bereits zu seiner Lebenszeit das Nirvana verwirklicht hat und deshalb nicht mehr wiedergeboren wird. Buddha-Erfahrungen sind sehr selten. Nach der buddhistischen Tradition ist ein Weltzeitalter, in dem ein Buddha auftritt, ein „sehr glückliches". Als Buddha unserer Weltzeit gilt Siddharta Gautama.

Bhagvan bzw. Bhagavan (Sanskrit: „der Gesegnete" bzw. „der, der Glück oder Glückseligkeit besitzt") und Tathagata (Sanskrit: „der so dahin Gegangene", „der zur Wahrheit Gekommene" bzw. „der Vollendete") sind zwei weitere häufige Bezeichnungen für Buddha.

Präexistenzen, Geburt, Kindheit und Jugendzeit

Für Buddhisten beginnt Buddhas Leben nicht erst mit seiner Geburt oder mit seiner Zeugung, sondern bereits mit seinen vorherigen Existenzen. In seinem vorletzten Leben soll er nach buddhistischer Vorstellung ein freigiebiger und wohltätiger Prinz gewesen sein, der mit Frau und Kind in die Einöde verstoßen wurde, weil er zu mildtätig war. Nachdem er auch dort allen Notleidenden half und alles, was er hatte, verschenkte – auch seine Frau und sein Kind –, wurde er nach seinem Tod im Tuschitahimmel, dem Himmel der „zufriedenen Götter" wiedergeboren. Dort war er Herr über eine Schar von Göttern. Damals und in seinen anderen vorhergehenden Lebensformen war er noch kein Buddha, sondern er war ein Bodhisattva und wurde auch so angesprochen. Nachfolgende Belegstelle aus späten tibetischen Texten zeigt auszugsweise die legendenhaften Ausschmückungen der Lebensgeschichte Buddhas:

Gefeiert unter den Verehrungswürdigen weilte der Bodhisattva im prächtigen Heim des Tuschitahimmels. Die Weihe war ihm zuteil geworden. Hunderttausende von Göttern priesen, lobten, verherrlichten und rühmten ihn ... Wohlig saß er in dem gro-ßen, auf zweiunddreißigtausend Erden ruhenden Wolkenpalast, der mit Terrassen, Türmen, Toren, Bogenfenstern, Erkern und Söllern reich geschmückt war.
Lalitavistara (Waldschmidt, S. 19)

Nach sorgfältiger Auswahl des Mutterschoßes soll der Bodhisattva schließlich in Gestalt eines weißen Elefanten mit sechs Stoßzähnen auf die Erde herabgekommen sein. Der Glanz dieses Lichtes soll sogar die Hölle überstrahlt und erhellt haben. Mit dieser Schilde-rung wird symbolisch gezeigt, dass seine Menschwerdung Heil für alle Menschen und alle kosmischen Wesen brachte.

Da ließ sich der Herr der drei Welten, der von allen Wesen verehrte Bodhisattva, nach genauer Prüfung, zur richtigen Zeit aus dem Tuschitahimmel herab. Es war am fünfzehnten Tage des Monats, und der Vollmond stand in Konjunktion mit dem Sternbild Puschya. Klar und bei vollem Bewusstsein ging er, als ein junger weißer Elefant mit sechs Stoßzähnen, zur rechten Seite in den Leib seiner Mutter ein, als diese gerade Fasttage hielt. Sein Kopf war purpurfarben, die Reihe der Zähne blitzte wie Gold, und er war mit allen Körperteilen wie Gliedern wohlversehen und von vollkommenen Organen. Im Mutterleibe aber lag er immer auf der rechten und nie auf der linken Seite.
Die Königin Maya war beseligt auf ihrem Lager eingeschlafen und träumte: ‚Ein Prachtelefant, strahlend wie Schnee und Sil-

ber, ist tänzelnden Schrittes und mit diamantfesten Gelenken in
meinen Leib eingegangen. Sechs war die Zahl seiner Stoßzähne,
schön waren seine Füße, anmutig der Rüssel und rosig der Kopf.
Nie vorher habe ich etwas so Schönes gesehen und gehört, nie
ähnliche Wonne empfunden. Es war ein Gefühl körperlichen
Glücks und gleichzeitiger Beseligung des Gemüts, dass ich wie
in tiefste Versenkung entrückt war'.
Lalitavistara (Waldschmidt, S. 33 f.)

Je jünger die Texte sind, desto mehr tritt die Gestalt seines Vaters
in den Hintergrund. Schließlich wird sogar von einer jung-
fräulichen Geburt berichtet, denn seine Mutter *Maya* habe ein
Keuschheitsgelübde abgelegt und dieses habe der Mann seiner
Mutter respektiert.

Auch die Zeit im Mutterschoß wird zunehmend verklärt. So
wird berichtet, Buddha sei im Schoß der Mutter auf einem mit
Juwelen besetzten Thron gesessen, den die Menschen von außen
gut sehen konnten. Auch war seine Geburt von zahlreichen
Vorzeichen begleitet: die Kelche der Blumen blühten nicht auf,
junge Löwen kamen herbei und umwanderten dreimal friedlich
die Stadt, ehe sie sich erwartungsvoll vor den Toren hinlegten
usw.

Historisch ist über Buddhas Geburt und Kindheit sehr wenig
gesichert überliefert. Einig sind sich die Texte darin, dass er aus
dem Geschlecht der Shakya stammte und in *Kapilavastu*, einer
rund 250 km von Kathmandu entfernten Stadt im heutigen Nepal
aufwuchs. Ob er ein Königssohn war oder ob seine Eltern „nur"
Fürsten waren, ist umstritten. Manche Quellen berichten davon,
dass *Suddhodana*, Buddhas Vater, im Stadtparlament von Kapilavastu Vorsitzender war. Zu diesem Stadtgebiet bzw. zum Reich
der Shakyas gehörten rund 20.000 Menschen, die in zehn Dörfern
am Fuße des Himalajas im heutigen Grenzgebiet zwischen Nepal
und Indien gelebt haben. Möglich ist auch, dass seine Eltern
Großgrundbesitzer waren, die relativ selbstständig ihr Gebiet
verwalten konnten. Die Familie war sicher wohlhabend und dürfte Reisanbau betrieben haben. Wahrscheinlich hat die Legende
aus Suddhodana einen mächtigen König und aus Siddharta einen
einflussreichen Prinzen gemacht, um den Gegensatz zu Buddhas
späterem einfachen Leben noch deutlicher werden zu lassen.

Einig sind sich die Quellen weiter darin, dass Maya sieben Tage nach der Geburt ihres Sohnes starb. Auch um ihre Person gab es eine rege Legendenbildung. So wird berichtet, dass sie in hunderttausenden früheren Existenzen immer vollkommen gelebt hätte. Nur so wäre sie würdig gewesen, den Buddha zu gebären. Sie soll bei der Geburt 40 Jahre alt und von außergewöhnlicher Schönheit gewesen sein.

Über die Geburt selbst gibt es wiederum viele Erzählungen. Maya wollte ihr Kind in ihrem Elternhaus mit dem Beistand ihrer Mutter zur Welt zu bringen und war deshalb auf dem Weg von Kapilavastu nach Devadaha, ihrem Heimatort. Die Reise im Pferde- oder Ochsenkarren war für eine schwangere Frau beschwerlich und unweit des Ortes *Lumbini* kam der Zeitpunkt der Geburt. Unter freiem Himmel, ohne Beisein einer Hebamme, nur von Salabäumen beschirmt, erblickte Buddha an einem Vollmondtag im Mai das Licht der Welt. Viele Legenden schmücken hier noch aus, dass die Welt in hellem Glanz erstrahlte, Maya bei der Geburt keine Schmerzen hatte und das Baby sofort sieben Schritte in alle vier Himmelsrichtungen machte als Zeichen, dass es symbolisch die ganze Welt in Besitz nehmen werde. Eine über sechs Meter hohe und im Jahre 245 v. Chr. errichtete Steinplatte des Königs Ashoka bezeugt den Ort der Geburt Buddhas:

Zwanzig Jahre nach seiner Krönung kam König Ashoka hierher und bezeigte seine Verehrung, weil der Buddha, der Weise aus dem Shakya-Geschlecht, hier geboren worden ist. Er ließ eine Steinsäule errichten und ein Steinrelief anfertigen, um zu bezeugen, dass hier der Erhabene geboren wurde ...
Inschrift des Steinreliefs in Lumbini

Nach der Geburt kehrte Maya nach Kapilavastu zurück, wo sie immer schwächer wurde und Fieber bekam. Viele Quellen berichten, dass drei Tage nach der Geburt der weise *Asita* herbei geholt wurde, um über das Kind eine Prophezeiung auszusprechen. Er weissagte, dass das Kind entweder ein mächtiger weltlicher Herrscher oder der Buddha seiner Zeit würde. In einer anderen Version dieser Legende bedauerte es Asita zutiefst, schon so betagt zu sein und deshalb die großen künftigen Taten des Kindes nicht mehr miterleben zu können.

Nach dem Tod seiner Mutter wurde *Mahaprajapati Gautami* die Zieh- bzw. Stiefmutter Buddhas. In manchen Erzählungen ist sie darüber hinaus die Schwester Mayas. Sie soll das Kind wie ihr eigenes Kind großgezogen und seinem Vater einen weiteren Sohn geschenkt haben. Siddhartas Halbbruder hieß *Nanda* und von ihm wie von seinem Cousin *Ananda* gibt es viele Berichte. Später soll Mahaprajapati Gautami die erste Nonne gewesen sein, die sich Buddha anschloss.

Buddha wuchs in Abgeschiedenheit von der Welt in äußerst behüteten Verhältnissen auf. Tunlichst wurde vermieden, ihm das leidvolle Dasein der menschlichen Existenz zu zeigen. Vielmehr gab es in der Welt, in der er aufwuchs und lebte, nur Schönheit, Jugend, Vergnügen und freudvolle Erlebnisse. Bei den wenigen Ausflügen in die Welt außerhalb der Palastmauern wurde alles so vorbereitet, dass der junge Prinz nur junge, glückliche und gesunde Menschen sehen konnte. Buddha selbst meinte über diese Zeit:

Ich war verwöhnt, sehr verwöhnt. Ich salbte mich nur mit Benares-Sandel und kleidete mich mit Benares-Tuch. Bei Tag und Nacht wurde ein weißer Sonnenschirm über mich gehalten. Ich hatte einen Palast für den Winter, einen für den Sommer und einen für die Regenzeit. In den vier Monaten der Regenzeit verließ ich den Palast überhaupt nicht und war von weiblichen Musikanten umgeben.
Anguttara Nikaya (Mensching, S. 197)

Buddha war äußerst intelligent und wissbegierig. Er genoss eine fürstliche Ausbildung und war ein empfindsames und alles hinterfragendes Kind. Die Quellen berichten auch von dem Ärger seines Vaters über die Grübeleien seines Sohnes und über Buddhas Desinteresse an Kampfeshandlungen. Auch soll er beim Reiten, Bogenschießen, Wagenlenken usw. nur mittelmäßig gewesen sein, was seinem Vater ebenfalls missfiel.

Lebenskrise und Weltflucht

Im Alter von sechzehn Jahren heiratete Buddha seine Cousine *Yasodhara* – in manchen Quellen heißt seine Frau auch *Gopa*. Diese Hochzeit wurde zwar von Suddhodana arrangiert, trotzdem sollen Buddha und Yasodhara einander sehr zugetan gewesen sein.

Das Paar dürfte im Hause des Vaters des Mannes, also im Hause Suddhodanas gelebt haben. Es ist anzunehmen, dass Buddha seinem Vater bei den politischen und wirtschaftlichen Aufgaben half.

Historisch wissen wir wenig Gesichertes darüber, warum Buddha dem Luxusleben entfloh und Mönch wurde. Eine Legende besagt, Buddha wäre in eine tiefe Lebenskrise verfallen, weil niemand seine vielen Fragen beantworten konnte. Die Sorge des Vaters, Buddha könne das elterliche Haus verlassen, veranlasste ihn dazu, ihn auf das Land zu schicken, um sich um die Feldarbeit zu kümmern. Dort begegnete Buddha auf den Feldern Menschen und Tieren, die in der glühenden Sonne sehr schwer schuften mussten und sich sehr quälten. Geschockt von diesen Begegnungen entließ Buddha die Menschen und die Tiere von ihrer mühevollen Arbeit und setzte sich selbst zur Meditation unter einen Rosenapfelbaum, wo er die erste Meditationsstufe erreichte.

Die bekannteste, wenn auch nicht die älteste Legende ist jedoch die von den *vier Ausfahrten* Buddhas. Diese besagt, dass Buddha viermal das elterliche Anwesen verlassen habe. Auf der *ersten Ausfahrt* erblickte er einen *greisen Mann* und war schockiert, weil er so etwas noch nie zuvor gesehen hatte. Buddha fragte den Lenker seines Wagens, warum diese Gestalt so jämmerlich aussähe und bekam zur Antwort, dass alle Menschen alt und gebrechlich wurden und schließlich so endeten.

Bei der *zweiten Ausfahrt* begegnete er einem *kranken Mann*, der schwer unter seiner Krankheit litt. Diesmal bekam er von seinem Lenker zur Antwort, alle Menschen könnten krank werden, und die damit verbundenen Schmerzen sind Teil jedes Lebens.

Bei der *dritten Ausfahrt* begegnete er einem *Leichenzug*. Diesmal belehrte ihn der Wagenlenker, dass alle Menschen sterben müssten. Nichts auf der Welt sei endgültig und alles werde vergehen.

Von diesen drei Begegnungen und der damit verbundenen Erkenntnis, dass Alter, Krankheit und Tod zu jedem Menschenleben gehören, war Buddha schwer erschüttert. Er fragte nach einem Ausweg aus diesem sich immer wiederholenden, leidvollen Kreislauf, bekam aber keine ihn zufriedenstellende Antwort.

Buddha machte noch eine *vierte Ausfahrt* und sah einen *Bettelmönch*. Auf seine Frage, wer das sei, bekam Buddha zur Antwort, dieser Mann sei ein Asket, der den Freuden der Welt entsage, um in der Einsamkeit seine innere Ruhe zu finden.

Diese Legende ist vielfach und mit leichten Facetten überliefert. In manchen Erzählungen waren es heimliche Ausfahrten, und ein andermal waren die vier Menschen, die er traf, Götter, die ihm den Weg zeigten. Einer kritischen Prüfung hält die Historizität dieser Legende nicht stand. Was sie jedoch aussagt, ist die tiefe Lebenskrise, in die Buddha geriet, egal ob sie durch unbeantwortete Fragen, durch Begegnungen oder auf andere Weise ausgelöst wurde. So steigerte sich Buddhas Unzufriedenheit mit seiner gegenwärtigen Lebenssituation, und es wuchs das Verlangen, aus dem behüteten Leben auszubrechen und Mönch zu werden.

Im Alter von 29 Jahren änderte Buddha sein Leben radikal. Wenige Tage nachdem ihm Yasodhara ihr erstes und einziges Kind geboren hatte, verließ Buddha das gemeinsame Zuhause und nur sein Diener *Candaka* begleitete ihn. Dem Kind, es war ein Sohn, wurde der Name *Rahula* gegeben. Rahu war der indische Gott der Finsternis, der im Volksglauben für die Sonnen- und Mondfinsternisse verantwortlich war und Rahula ist die Koseform des Götternamens. Dieser Name kann entweder ein Hinweis darauf sein, dass die Geburt des Kindes mit einer Sonnen- oder Mondfinsternis in Verbindung gebracht wurde, oder aber, dass Buddha sein Leben durch dieses Kind verfinstert sah, weil er sich durch ihn eingeengt und gefesselt fühlte.

Seine Familie dürfte nicht gerade erfreut gewesen sein, dass Buddha sie verließ. Es gibt jedoch Hinweise dafür, dass seine Weltentsagungsabsichten seinem Vater bekannt waren und Buddha ihn schon länger bestürmte, dazu sein Einverständnis zu geben. Manche Biografen schreiben auch davon, dass Suddhodana seine Zustimmung von der Geburt eines Enkelsohnes abhängig machte, was eine Erklärung für die späte Vaterschaft wäre (beide Elternteile waren zum Zeitpunkt der Geburt 29 Jahre alt und bereits 13 Jahre lang verheiratet).

Die Legende berichtet, dass Buddhas Familie sowie alle Menschen und Tiere der Stadt von den Göttern in einen tiefen Schlaf versetzt wurden, als Buddha sein Zuhause verließ. In einem nahe gelegenen Wald schnitt er sich seine langen Haare ab, entledigte sich seiner prunkvollen Gewänder und schickte Candaka mit seinen Habseligkeiten und seinem Pferd zurück, mit dem Auftrag, seiner Familie von seinem Weggang zu berichten und sie zu trösten.

Die folgende Zeit als Wandermönch war für Buddha nicht einfach. Zunächst schloss er sich dem Meister *Arada Kalama* und danach einem andern Meister, *Udraka Ramaputra*, an. Beide führten ihn ein in die Kunst der Meditation und des Yoga. Die Zeit im Wald war für Buddha sehr hart, aber weder die Meditations- und Yogapraktiken noch die Lehren der beiden Meister befriedigten seinen Drang nach Erkenntnis. So versuchte er, einen noch strengeren asketischen Weg mit Entbehrungen unterschiedlicher Art zu gehen. In dieser Zeit schlossen sich ihm die ersten fünf Jünger an. Buddha wurde aber durch die vielen Entbehrungen immer schwächer. Die schweren Kasteiungen (wenig bis keine Nahrungsaufnahme, Meditationsübungen in der prallen Hitze, Schlaf auf Dornensträuchern usw.) führten ihn bis an die Grenze des Ertragbaren und manche Erzählungen berichten sogar von lebensbedrohlichen Zuständen, in die Buddha durch diese extremen Praktiken gelangte. So beschloss er, einen weniger strengen Weg einzuschlagen, den er selbst *den mittleren Weg* nannte:

Da redete der Erhabene zu den fünf Mönchen also: ‚Zwei Enden gibt es, ihr Mönche, denen muss, wer dem Weltleben entsagt hat, fern bleiben. Welche zwei sind das? Hier das Leben in Lüsten, der Lust und dem Genuss ergeben: das ist niedrig, gemein, ungeistlich, unedel, nicht zum Ziele führend. Dort Übung der Selbstquälerei: die ist leidenreich, unedel, nicht zum Ziele führend. Von diesen beiden Enden, ihr Mönche, sich fernhaltend, hat der Vollendete den Weg, der in der Mitte liegt, entdeckt, der Blick schafft und Erkenntnis schafft, der zum Frieden, zum Erkennen, zur Erleuchtung, zum Nirvana führt …'.
Mahavagga (Bock-Raming, S. 101)

Enttäuscht von dieser Kehrtwendung wandten sich die fünf Jünger von ihm ab und Buddha war wieder allein. Als er zu

Kräften gekommen war, ließ er sich unter einem Feigenbaum in der Nähe des Flusses Nairanjana im heutigen *Bodh-Gaya* nieder. Dort legte er ein Gelübde ab, nicht eher wieder aufzustehen, bis er die Erleuchtung gewonnen hätte. Buddhistische Quellen berichten, dass dies der Ort war, an dem schon zuvor alle anderen Buddhas früherer Weltzeiten die Erleuchtung erlangt hatten.

Es gibt ausführliche Erzählungen über die Verführungen, mit denen *Mara*, der Dämon der Sinnenwelten und die in vielen Erzählungen erwähnte Personifikation des Bösen, zusammen mit seinen Töchtern Trena (Durst), Rati (Wollust) und Raga (Leidenschaft) versucht habe, ihn von seinem Vorhaben abzubringen. Aber Buddha blieb von den Verführungsversuchen unbeeindruckt.

Rund sieben Jahre nach dem Fortgang von seiner Familie hielt Buddha in der ersten Vollmondnacht des Monats Mai im Lotussitz verharrend unter dem Feigenbaum die berühmt gewordenen *Nachtwachen* ab. In dieser Nacht erlangte er das *Nirvana*, einen Zustand, in dem es keine geistigen Befleckungen gibt, und in dem alles Karma und alle Leidenschaften verschwinden. So wurde Siddharta Gautama vom Bodhisattva zum Buddha:

In der *ersten Nachtwache* durchschaute Buddha alle seine *früheren Existenzen*. In der *zweiten Nachtwache* derselben Nacht erkannte er alle *Seelenwanderungen aller anderen Lebewesen*, und in der *dritten Nachtwache* derselben Nacht kam ihm gegen Morgendämmerung die wesentliche *Erkenntnis des Leides*, die in den *vier edlen bzw. heiligen Wahrheiten* überliefert sind.

Dies, ihr Mönche, ist der vom Vollendeten entdeckte Weg, der in der Mitte liegt, der Blick schafft und Erkenntnis schafft, der zum Frieden, zum Erkennen, zur Erleuchtung, zum Nirvana führt.
*Dies, ihr Mönche, ist die edle **Wahrheit vom Leiden**. Geburt ist Leiden, Alter ist Leiden, Krankheit ist Leiden, Tod ist Leiden, mit Unliebem vereint sein ist Leiden, von Liebem getrennt sein ist Leiden, nicht erlangen, was man begehrt, ist Leiden: kurz die fünferlei Objekte des Ergreifens [sc. Körperlichkeit, Empfindungen, Vorstellungen, Gestaltungen und Erkennen] sind Leiden.*
*Dies, ihr Mönche, ist die edle Wahrheit von der **Entstehung des Leidens**: es ist der Durst, der zur Wiedergeburt führt, samt Freu-*

de und Begier, hier und dort seine Freude findend: der Lüstedurst, der Werdedurst, der Vergänglichkeitsdurst.

*Dies, ihr Mönche, ist die edle Wahrheit von der **Aufhebung des Leidens**: die Aufhebung dieses Durstes durch restlose Vernichtung des Begehrens, ihn fahren lassen, sich seiner entäußern, sich von ihm lösen, ihm keine Stätte gewähren.*

*Dies, ihr Mönche, ist die edle Wahrheit vom Wege zur Aufhebung des Leidens: es ist dieser edle **achtteilige Pfad**, der da heißt: rechtes Glauben, rechtes Entschließen, rechtes Wort, rechte Tat, rechtes Leben, rechtes Streben, rechtes Gedenken, rechtes Sichversenken.*
Mahavagga (Bock-Raming, S. 101 f.)

Andere Quellen sprechen von vier Nachtwachen. Ob es dieses Ereignis historisch gab, ist, wie fast alles in der Vita Buddhas, fraglich. Obwohl die Erzählungen von den Nachtwachen kunstvolle Kompositionen sind, ist anzunehmen, dass Buddha ein Erleuchtungserlebnis hatte. Auf alle Fälle ist diese *Nacht der Erkenntnis* die *Geburtsstunde des Buddhismus.* „Wie in anderen großen Religionen hat sich auch im Buddhismus ein Grunddatum im Dunkel der Nacht ereignet." (Trutwin, S. 36)

Buddhas Leben nach der Erleuchtung

Nach diesem, für Buddhisten bedeutendsten Ereignis der Weltgeschichte soll Buddha noch weitere 28 Tage (manche Quellen sprechen von sieben Tagen, andere von 49 Tagen) im Lotussitz verharrt sein, um zu voller Klarheit zu gelangen. Nach anderen Berichten ist er sofort nach *Benares* gewandert, wo er seine fünf ehemaligen Jünger traf. Vor ihnen hielt er seine erste Predigt, woraufhin sie sich ihm wieder anschlossen. So wurden seine ehemaligen Jünger auch seine ersten Anhänger nach der Erleuchtung und nach Ansicht mancher Autoren begründete Buddha erst mit seiner ersten Predigt den Buddhismus.

In weiterer Folge wanderte Buddha jahrzehntelang umher und sammelte eine Jüngerschar bzw. eine Mönchsgemeinschaft (*Sangha*) um sich. Er pflegte aber auch rege Kontakte zu den Wohlhabenden und zu den Machthabern seiner Zeit, von kleineren Fürsten bis zu Königen, wodurch er einflussreiche Gönner und Förderer gewann. „Bei alledem zeigt sich, dass der Buddha keineswegs nur ein großer geistlicher Lehrer und Meister war, sondern auch ein taktisch kluger und politisch versierter Gemeindeführer, der die wirtschaftliche Unterstützung seines Ordens langfristig zu sichern wusste." (Klimkeit, S. 229). So war es auch kein Zufall, dass die ersten bedeutenden Klöster vor den Toren der Hauptstädte errichtet wurden. Das Verhältnis zu anderen religiösen Gruppen sowie zu den Brahmanen war angespannt. Für die Menschen seiner Zeit dürfte Buddha jedoch vor allem in späteren Jahren ein Heiliger gewesen sein.

In den Berichten über die Lebenszeit nach der Erweckung sind viele Predigten und Gleichnisse überliefert. Buddha scheint eine für seine Zeit verständliche Sprache gefunden zu haben. Den von ihm propagierten „mittleren Weg" lebte er beispielsweise in der Form, dass er sowohl überaus asketisch zu leben vermochte als auch Einladungen annahm und Gastmählern nicht abgeneigt war.

Außer während der Regenzeit zogen Buddha und die Mönche alleine oder in kleinen Gruppen durch das Land. Von Buddha wird berichtet, er habe sich täglich für mehrere Stunden zurückgezogen, um zu meditieren. Insgesamt investierte die Mönchsgemeinde sehr viel Energie in den Aufbau des Ordens, und zu den Anhängern Buddhas gehörte auch eine große Zahl von Laien. Die Erzählungen berichten zudem von vielen Jünger- und auch Laienberufungen, vom Besuch Buddhas in seiner Vaterstadt, von der ersten Klosterstiftung durch einen wohlhabenden Kaufmann, von der Gründung des ersten Frauenordens auf Drängen seiner Stiefmutter Mahaprajapati Gautami usw. Vor allem letzteres Ereignis gilt als sehr nachhaltig: Auch wenn Frauen für die zölibatär lebenden Mönche eine starke Versuchung darstellten, waren sie doch wichtige Unterstützerinnen für die buddhistische Gemeinde.

Ferner war für die Ordensausbreitung Buddhas Anweisung bedeutsam, dass nicht nur er allein, sondern auch seine Anhänger Mönche ordinieren durften. Auch reichte die „dreifache Zuflucht", um dem Buddhismus formal anzugehören. So waren die Missionsbemühungen viel erfolgreicher, und sowohl Einzelpersonen als auch ganze Gruppen schlossen sich der neuen Lehre an.

Personen in Buddhas Umfeld

Der Jüngerkreis um Buddha scheint in späteren Jahren sehr groß gewesen zu sein. An manchen Tagen sollen über 500 Mönche mit ihm gegangen sein, an anderen Tagen wiederum zog er sich ganz in die Einsamkeit zurück. Insgesamt soll die Mönchsgemeinschaft bereits zu Buddhas Lebenszeit aus vielen tausenden Mönchen bestanden haben.

Während es anfangs nur spärliche Bekehrungen zu seiner Lehre gab, war für den Orden vor allem die Bekehrung *Bimbisaras*, des Königs von Magadha bedeutsam. Magadha war ein nordindisches Königreich, in dem auch Bodh-Gaya gelegen ist. Durch die Bekehrung des Herrschers schlossen sich viele Bürger der neuen Lehre Buddhas an und der Buddhismus wurde in ganz Indien gesellschaftlich anerkannt.

Über Buddhas Familie ist vieles überliefert, wenn auch hier die Legendenbildung zuungunsten der Frage nach der Historizität überhand gewann.

Sein Vater *Suddhodana* dürfte zu Buddha ein gespanntes Verhältnis gehabt haben. Viel lieber hätte er wohl einen weltlich orientierten Sohn gehabt, der sein Erbe antrat, als einen Grübler, der mit fast 30 Jahren die Familie verlässt, um Wandermönch zu werden. Es wird jedoch berichtet, dass sich Vater und Sohn auf Suddhodanas Totenbett versöhnt haben und Suddhodana dort sogar die Lehren Buddhas annahm.

Buddhas Frau *Yasodhara*, die als außergewöhnlich schöne Frau beschrieben wird, hat ihrem Mann sein Weggehen nie verziehen. Es gibt keine Berichte, in denen Yasodhara Buddhas Weg oder seine Lehre billigte. Bei seinem Heimatbesuch war sie jedenfalls nur an dem Erbteil für Rahula interessiert:

> *Der Erhabene aber kleidete sich am Morgen an, nahm Obergewand und Almosenschale und ging zum Hause Suddhodanas des Sakya* (sc. seines Vaters); *dort setzte er sich auf einem Sitz nieder, der da bereitet war.*
> *Die Mutter des Rahula aber, die Fürstin, sprach zum Knaben Rahula: ,Das ist dein Vater, Rahula. Geh hin und sprich ihn um dein Erbe an!'*

Da ging der Knabe Rahula zum Erhabenen, trat vor ihn hin und sprach: ,Dein Schatten, Asket, tut mir wohl!' Der Erhabene aber stand von seinem Sitz auf und ging von dannen. Da ging der Knabe Rahula Schritt für Schritt hinter dem Erhabenen einher und sprach: ,Gib mir mein Erbteil, Asket! Gib mir mein Erbteil, Asket!' Da sprach der Erhabene zum ehrwürdigen Säriputta (sc. einer der beiden Hauptjünger Buddhas): *,So erteile denn, Säriputta, dem Knaben Rahula die niedere Weihe!'*
Mahavagga (Bock-Raming, S. 114 f.)

Buddhas Erbteil für seinen Sohn *Rahula* war also die Aufnahme in seinen Orden. Es wird berichtet, wie traurig Suddhodana darüber war, nun auch seinen Enkelsohn „verloren" zu haben und so keine weiteren Nachfahren mehr erwarten zu dürfen. Rahula selbst blieb bis zu seinem Lebensende Mönch. Seine Aufgabe bestand in der Ausbildung von Novizen. Er soll ein vorbildlicher Ordensbruder gewesen sein und starb mehrere Jahre vor seinem Vater.

Die Stiefmutter Buddhas, *Mahaprajapati Gautami*, schloss sich, wie oben schon ausgeführt, ebenfalls Buddha an. Erst auf ihr Drängen hin soll Buddha seine Meinung geändert und einen Frauenorden zugelassen haben. Mahaprajapati Gautami wird heute noch als die erste Buddhistin verehrt.

Von vielen weiteren Personen in Buddhas Umfeld berichten die Quellen. So war Buddhas Cousin *Ananda* einer seiner unterwürfigsten Diener und *Saripuṭṭa* und *Moggallana* waren seine beiden Hauptjünger. Moggallana soll darüber hinaus auch über übernatürliche Kräfte verfügt haben.

Eine bedeutende Gestalt in Buddhas Leben war sein Cousin *Devadatta*, der sozusagen als der „buddhistische Judas" in die Geschichte einging: Er war der Insider, der zum heftigen Widersacher wurde. Devadatta war laut Angaben der Legenden schon in tausenden früheren Inkarnationen Buddhas Gegner und wollte ihm ständig Böses. In diesem Leben war er zunächst ein prominentes Mitglied des Männerordens, ehe er danach trachtete, dessen Leitung zu übernehmen. Dies misslang jedoch, worauf er Buddha töten wollte. Als er auch mit diesem Vorhaben scheiterte, versuchte er, Teile der Mönchsgemeinde für sich zu gewinnen, um so die Gemeinschaft zu zerschlagen. In den legendenhaften Berichten schlagen alle Versuche Devadattas fehl. Am Ende seines Lebens zog ihn eine Flamme direkt in die Hölle hinab, wo er nach buddhistischer Lehre bis zum Ende der Zeiten bleiben wird.

Der wahre Kern der Erzählungen um Devadatta ist nicht leicht zu bestimmen. Tatsache mag sein, dass Buddha mit Devadatta einen mächtigen Widersacher in seinen eigenen Reihen hatte, der ernsthaft gefährlich wurde. Wahrscheinlich wollte Devadatta strengere asketische Regeln einführen oder von Buddha als dessen Nachfolger eingesetzt werden. Auf alle Fälle erfüllten sich diese Bestrebungen nicht, und Devadatta wurde entweder aus der Gemeinschaft verbannt, oder er verließ sie freiwillig.

Weitere Legenden

Über die mehr als 40 Jahre, in denen Buddha umherwanderte, gibt es viele Berichte und Legenden. Eine chronologische Reihung der Ereignisse ist ebenso wenig möglich wie die Unterscheidung, welche Begebenheit historisch authentisch ist und was „nur" Legendenerzählungen sind. Während Buddha in den frühen Quellen Wundern sehr reserviert gegenüber steht, haben ihn seine Jünger sehr schnell zum großen Wundertäter hochstilisiert, der schneller als der Wind fliegen konnte, der Herr über Wasser und Feuer war und der immer wieder zwischen den Götterhimmeln und der Erde reiste. Nachfolgende Legenden sind eine knappe Auswahl aus den zahlreichen Überlieferungen:

Gangesüberquerung

Damals aber führte dieser große Strom Hochwasser und flutete bis an die höchsten Ufer hinauf. Und der Pfadvollender wollte sich ans andere Ufer übersetzen lassen und begab sich zu einem Fährmann. Dieser sagte: ,Zahle erst das Fährgeld! Gautama!'
,Freund, ich habe kein Fährgeld', antwortete der Vollendete und schwebte durch die Luft auf das andere Ufer. Als der Fährmann das sah, wurde er von höchster Reue erfüllt und dachte: Einen derart Verehrungswürdigen habe ich nicht übergesetzt! Und mit den Worten: ,O Elend!' fiel er ohnmächtig zu Boden.

Später berichtete der Fährmann diesen Vorgang dem König Bimbisara, und dieser hob, auf die Nachricht hin, von da ab das Fährgeld für alle umherziehenden Asketen auf.
Lalitavistara (Waldschmidt, S. 193)

Schlangenkönig

Buddha meditierte in der Nähe eines Teiches, als ein gewaltiger Sturm aufkam. Es blitzte und donnerte heftig und es regnete in Strömen. Buddha drohte Gefahr, beim Meditieren von einem Blitz getötet oder vom Unwetter verschlungen zu werden. Da kam der Schlangenkönig Mucilinda aus dem Teich, kroch zu Buddhas Sitz, hüllte ihn mit seinen sieben Körpern ein und bildete ein Dach über ihm. So bewahrte der Schlangenkönig Buddha vor den Gefahren des Unwetters und ermöglichte ihm, trotz des Sturmes weiter zu meditieren.

Feuer

Weiterhin weilte der Erhabene in einem Walde bei dem Dorfe, wo Uruvilva Kaschyapa wohnte. Von den fünfhundert Schülern Kaschyapas aber hatte jeder drei Feuerstätten zu unterhalten und mit Opfern zu versehen, insgesamt gab es also eintausendfünfhundert Feuerstätten. Eines Morgens nun beabsichtigten die fünfhundert Schüler dort zu opfern. Doch als sie die Feuer entzündeten, brannte keines an. Die Schüler wunderten sich über diesen Vorfall, begaben sich zu Kaschyapa und berichteten ihm: ,Wir wollten heute die Feuerstätten bedienen, doch ließen sie sich nicht in Brand setzen.'

Als Kaschyapa das hörte, dachte er: Weil der große Asket, der über so wunderbare Kräfte verfügt, sich hier in der Nähe aufhält, werden die entzündeten Feuer nicht anbrennen. Und er begab sich zum Erhabenen, berichtete ihm von dem Ereignis und teilte ihm seine Vermutung mit.

Der Buddha sprach zu ihm: ,Möchtest du, dass die Feuer jetzt brennen?' Kaschyapa bejahte, und sogleich flammten die Feuerstätten alle miteinander auf und standen in hellem Feuer. Als Kaschyapa dies sah, dachte er: Der Asket Gautama besitzt gewaltige Fähigkeiten, da er derartiges vermag. Doch auch ich bin ein Heiliger!
Tripitaka (Waldschmidt, S. 201)

Der Tod Buddhas

Buddhas physischer Gesundheitszustand war in seinen letzten Lebensjahren angegriffen. Es wird von Erkrankungen im Magen-Darm-Trakt und von Rückenbeschwerden berichtet, die möglicherweise von einem Bandscheibenvorfall herrührten. So bereitete ihm längeres Stehen Schmerzen. Nachdem seine beiden Hauptjünger Sariputta und Moggallana kurz nacheinander gestorben waren, wurde Ananda zu seinem engsten Gefährten. Ananda blieb dem immer kränker werdenden Meister ein treuer Begleiter bis zu dessen Sterbestunde – die Texte berichten nicht vom Tod Buddhas, sondern von seinem endgültigen Erlöschen: Wer stirbt, bleibt im ewigen Kreislauf, wer erlöscht, entrinnt diesem und geht ins Nirvana ein.

Die Überlieferungen erzählen von einer Wanderung zu einem Kloster, wohin Buddha sich zum Sterben hinbegeben wollte. Zuvor bat er Ananda, ihn zu bitten, noch nicht von dieser Erde zu gehen. Ananda verstand dies jedoch falsch und versäumte es, die Bitte auszusprechen. Da erschien ihm Mara, der Dämon, der Buddha immer wieder verführt hatte, und bat ihn, er möge doch in das Nirvana eingehen. Buddha stimmte zu und versprach, innerhalb von drei Monaten die Erde zu verlassen.

Auf dem Weg ins Kloster war Buddha in Pava bei einem seiner Anhänger, dem Goldschmied Chunda, zum Essen eingeladen. Bei diesem Mahl zog sich Buddha eine schwere Lebensmittelvergiftung zu und erkrankte an der Ruhr. Obwohl er von heftigen Koliken und Durchfällen gequält wurde, setzte er seinen Weg fort. Am Rande der bis dahin unbedeutenden Ortschaft *Kusinara* wurde Buddha jedoch so schwach, dass er sich hinlegen wollte. So bereitete ihm Ananda einen Liegeplatz aus Sala-Bäumen. Allen Anwesenden war klar, dass Buddha diesen Liegeplatz nicht mehr verlassen werde. Buddha legte sich auf seine rechte Seite und gab den ihn umgebenden Mönchen noch Instruktionen für seine Bestattung und hielt die letzten Reden. Diese Abschiedsreden sind in vielen Quellen ausführlich überliefert. Kurz vor seinem Tod antwortete er beispielsweise auf Anandas Frage, wer seine Nachfolge als Führer der Mönchsgemeinde antreten solle, folgendermaßen:

Es möchte sein, Ananda, dass ihr so zu euch sprächet: ‚Unsrer Lehre Meister ist hingegangen. Wir haben keinen Meister mehr!'
So müsst ihr es nicht ansehen, Ananda. Die Lehre und Ordnung, Ananda, die ich euch verkündigt und festgesetzt habe, die ist euer Meister nach meinem Hingang.
Dhammapada (Bock-Raming, S. 169)

Buddha hinterließ kein Testament und auch keinen Nachfolger für die Führung der Mönchsgemeinde. Es war aber sein zu Lebzeiten geäußerter Wunsch, dass der Dharma (Sanskrit: „Lehre" bzw. „Ordnung") die Leitung der Mönchsgemeinschaft übernehmen sollte.

Schließlich fiel Buddha in eine tiefe Meditation (manche Quellen sprechen von einem tiefen Koma), woraus er nie mehr erwachte. Seine letzten Worte vor der Meditation bzw. vor dem Koma waren:

„Wohlan, ihr Mönche, ich sage euch: der Vergänglichkeit untertan sind alle Gestaltungen. Lasst niemals nach in eurem Streben."
Das war des Vollendeten letztes Wort.
Dhammapada (Bock-Raming, S. 170)

Nach einer anderen Überlieferung waren seine letzten Worte:

„Die Seinserscheinungen sind ihrem Wesen nach vergänglich. Rüstet euch aus mit Wachsamkeit!"
Digha-Nikaya (Waldschmidt, S. 226)

In den Schriften wird berichtet, wie die Mönche auf dem Tod Buddhas reagiert haben:

Als der Erhabene in das Nirvana eingegangen war, da streckten manche Mönche, die von Leidenschaften noch nicht frei waren, die Arme aus, weinten, warfen sich jählings zu Boden, wälzten sich hierhin und wälzten sich dorthin: ‚Allzu früh ist der Erhabene in das Nirvana eingegangen! Allzu früh ist der Wohlwandelnde in das Nirvana eingegangen! Allzu früh hat sich das Auge in der Welt geschlossen!' Die Mönche aber, die von Leidenschaften frei waren, die nahmen in Wachsein und Bewusstsein hin, was

geschehen war: ,Der Vergänglichkeit untenan sind die Gestaltungen. Wie wäre es anders möglich?'
Der ehrwürdige Anuruddha aber sprach zu den Mönchen also: ,Freunde, klagt nicht, jammert nicht! Hat es der im Voraus gesagt, Freunde: von allem, was uns lieb und wert ist, müssen wir uns trennen, müssen uns von ihm abschneiden, es muss anders damit werden? Wie wäre es denn möglich, Freunde, dass, was geboren, geworden, gestaltet, der Auflösung untertan ist, sich nicht auflöste? Das kann nicht sein'.
Dhammapada (Bock-Raming, S. 173)

So endete Buddhas irdisches Leben, wie es 80 Jahre zuvor begonnen hatte: plötzlich auf einer Reise und unter freiem Himmel. Wie in Indien üblich, wurde der Leichnam auf einem Scheiterhaufen verbrannt. Anschließend gab es einen großen Streit, wer die Asche und die wenigen, bei der Verbrennung übrig gebliebenen Knochenreste bekommen solle. Es kam fast zu kriegerischen Auseinandersetzungen, aber schließlich einigte man sich darauf, die Asche und die Knochen aufzuteilen und unter mehreren Erdhügeln beizusetzen. Weil einige dieser Hügel später wieder geöffnet und die Knochenreste entfernt wurden, gibt es heute noch Reliquien von Buddha. Für deren Historizität gibt es aber – wie bei so vielem in der Vita Buddhas – wenig Beweise.

Buddhas Lehre

Der *Dharma* (Sanskrit: „Lehre", „Ordnung") Buddhas ist für westliche Menschen teilweise schwer nachvollziehbar. Im Zentrum der Lehrverkündigung stehen die *Befreiung vom Leid* und das *Ausbrechen aus dem ewigen Kreislauf der Wiedergeburt*. Alles andere ist diesen Zielen untergeordnet.

Die *vier edlen bzw. heiligen Wahrheiten* und der achtteilige Pfad gehören zusammen, wie oben schon genauer ausgeführt wurde. Der *achtteilige Pfad* ist vorwiegend ein Meditationsweg, obwohl er alle Teile des menschlichen Lebens einschließt: Der (1) rechte Glauben und das (2) rechte Entschließen beziehen sich auf die Lehre bzw. auf die Erkenntnis, das (3) rechte Wort, die (4) rechte

Tat, das (5) rechte Leben, auf die Sittlichkeit und das (6) rechte Streben, sowie das (7) rechte Gedenken und das (8) rechte Sich-versenken auf die Meditation. „Gegenüber dieser letzten Stufe der Sammlung oder Versenkung sind alle anderen Glieder nur ‚Vorstufen' und ‚Hilfsmittel'" (Klimkeit, S. 155). Der achtteilige Pfad beinhaltet also die Trias von *Lehre oder Erkenntnis, Sittlichkeit* und *Meditation.*

Insgesamt beschreibt Buddhas Lehre wie oben schon ausge-führt einen *mittleren Weg* ohne Extrempole: Weder ein Luxus-leben führt zur *Erlösung* noch eine übertriebene Selbstkasteiung. Vielmehr soll ein bewusstes Leben geführt werden. Dazu gab Buddha in vielen Reden ethische Anweisungen, wie die Men-schen achtsam leben sollen:

> *Er töte kein lebendes Wesen und lasse nicht töten, und wenn Andere töten wollen, lasse er es nicht zu. Den Stab, mit dem man schlägt, lege er nieder gegen alle Wesen, gegen alles, was feststeht und was sich bewegt in der Welt.*
>
> *Weiter hüte sich der Jünger vor fremdem Gute, was es auch immer sei ...*
>
> *Vor Unkeuschheit nehme er sich in acht, wie ein Verständiger vor brennender Kohleglut ...*
>
> *Wenn er im Gerichtshof oder in der Versammlung weilt, soll nie Einer gegen den Andern Lügen reden ... Jede Unwahrheit soll er meiden.*
>
> *Berauschenden Trank genieße er nicht ... denn im Rausch tun die Toren Böses und machen, dass auch andere Berauschte Böses tun ...*
>
> *Und nachts, zur unrechten Zeit, genieße er keine Speise.*
>
> *Er trage keinen Kranz und entsage Wohlgerüchen; auf dem Bett oder auf dem Erdboden liege er auf ausgebreiteter Decke* [sc. und nicht auf weichem, üppigem Lager].
>
> Sutta Nipata (Bock-Raming, S. 401 f.)

Die vier edlen bzw. heiligen Wahrheiten können nur von menschlichen Lebewesen erkannt werden. Aus diesem Grund stellen *Menschen* in einem gewissen Sinne auch die „höchste Lebensform" dar. Zwar gibt es *Götter.* Diese leben aber in einer wonnevollen Welt und können so die Lehre des Leidens nicht erfassen. Auf der anderen Seite gibt es Tiere und Höllenwesen, die vom Leiden so bestimmt werden, dass sie keinen Ausweg aus ihrem tristen Dasein erkennen können. So bleibt es den Menschen vorbehalten, die vier Wahrheiten zu erfassen. Die vollständige Erkenntnis dieser Wahrheiten ist notwendige Voraussetzung, um zur Erlösung zu gelangen.

Neben diesen vier Wahrheiten, dem achtteiligen Pfad und der damit verwirklichbaren Erlösung gehören auch die Vorstellungen von den Daseinsfaktoren sowie die Lehre vom Konditionalnexus zu Buddhas Grundbotschaften.

Die Lehre von den *Daseinsfaktoren* geht davon aus, dass jedes Lebewesen aus fünf Faktoren zusammengesetzt ist:

> *Der Erhabene aber redete zu den fünf Mönchen also: ,Die* **Körper-** *lichkeit, ihr Mönche, ist nicht das Selbst. Wäre die Körperlichkeit das Selbst, ihr Mönche, so könnte die Körperlichkeit nicht der Krankheit unterworfen sein, und man müsste von der Körperlich- keit sagen können: so soll mein Körper sein; so soll mein Körper nicht sein. Da aber, ihr Mönche, die Körperlichkeit ein Nichtselbst ist, deshalb ist die Körperlichkeit der Krankheit unterworfen, und man kann von der Körperlichkeit nicht sagen: so soll mein Körper sein. So soll mein Körper nicht sein.*
> *Die* **Empfindungen,** *ihr Mönche, sind nicht das Selbst ...*
> *Die* **Vorstellungen,** *ihr Mönche, sind nicht das Selbst ...*
> *die* **Gestaltungen,** *ihr Mönche, sind nicht das Selbst ...*
> *Das* **Erkennen,** *ihr Mönche, ist nicht das Selbst ...'*
> Mahavagga (Bock-Raming, S. 104)

Diese fünf Faktoren (Körperlichkeit, Empfindungen bzw. Ge- fühle, Vorstellungen bzw. Wahrnehmungen, Gestaltungen bzw. Trieb- und Willenskräfte sowie Erkennen bzw. das Bewusstsein) sind gleichsam die fünf Teile, aus denen Menschen bzw. Lebe- wesen bestehen. Alles, was Menschen ausmacht, ist in diesen fünf Faktoren enthalten und alle Faktoren unterliegen dem ewigen Kreislauf des Werdens und Vergehens. Nach dem Tod lösen sich diese Faktoren nicht auf, sondern bei der nächsten Inkarnation wird die Körperlichkeit eines Lebewesens mit den Empfindungen eines anderen zusammengesetzt, dazu kommen wieder andere Vorstellungen usw. So leben die Menschen in einer bestimmten Zusammensetzung nur einmal. Das Karma nehmen die einzelnen Faktoren in ein nächstes Leben mit.

Die Lehre vom *Konditionalnexus* bzw. die Lehre vom *bedingten Entstehen* beantwortet die Frage, warum die Menschen der Vergänglichkeit unterworfen sind. Buddha sieht zwölf Faktoren, die dafür verantwortlich sind:

> *Aus dem Nichtwissen entstehen die Gestaltungen, aus den Gestaltungen entsteht Erkennen; aus dem Erkennen entsteht Namen und Körperlichkeit; aus Namen und Körperlichkeit entstehen die sechs Gebiete; aus den sechs Gebieten entsteht Berührung; aus Berührung entsteht Empfindung; aus Empfindung entsteht Durst; aus Durst entsteht Ergreifen (der Existenz); aus Ergreifen entsteht Werden; aus Werden entsteht Geburt; aus Geburt entsteht Alter und Tod, Schmerz und Klage, Leid Kümmernis und Verzweiflung. Dieses ist die Entstehung des ganzen Reiches des Leidens.*
>
> Mahavagga (Bock-Raming, S. 87)

Die letzte Ursache für die Wiedergeburt ist also die Unwissenheit bzw. das (1) Nichtwissen. Aus diesem entstehen die (2) Gestaltungen bzw. die Tatabsichten. Daraus folgt das (3) Erkennen, woraus schließlich (4) Namen und Körperlichkeit resultieren. Die weitere Kette lautet: die (5) sechs Gebiete sind die sechs Sinne; die (6) Berührung meint die Kontaktaufnahme zur Welt; die (7) Empfindungen; der (8) Durst bzw. die Gier; das (9) Ergreifen ist die Befriedigung der Sinneslust; das (10) Werden meint die Empfängnis; die (11) Geburt aus der schließlich (12) Alter und Tod, Schmerz und Klage, Leid, Kümmernis und Verzweiflung resultieren.

Buddha übernahm viele Vorstellungen seiner Zeit; viele religiöse Praktiken und Strömungen der damaligen Welt verwarf oder reformierte er jedoch. Seine scharfe Kritik richtete sich gegen die Vorrechte und *Praktiken der Brahmanen*. Vor allem sprach er sich gegen ihre Monopolstellung in kultischen Angelegenheiten aus. Seine Reform führte im Buddhismus zur Abschaffung blutiger Opferpraktiken sowie zur Aufhebung zahlreicher Riten. Auch sprach er sich gegen die vorgeschriebenen Speisegebote aus.

Insgesamt stand Buddha der *Göttervorstellung* der Veden sehr distanziert gegenüber: Er kritisierte sowohl deren Götterspekulationen als auch deren Vorstellung über die Macht der Götter. Eng damit hängen seine *Kultkritik* sowie die Lehre von der Verzichtbarkeit jeglichen Kults zusammen. Diese Kultkritik führte wiederum zu einer an die Brahmanen gerichteten Kritik, die für den Kult verantwortlich waren.

Im Zentrum der Lehre Buddhas stand die neue *Erlösungslehre*. Nicht mehr die Kastenzugehörigkeit, rituelle Waschungen, kultische Praktiken oder Opfer führen zur Erlösung, sondern das Wissen um das Leid und dessen Aufhebung sowie die Einhaltung ethischer Gebote.

Buddha selbst forderte nicht die Auflösung des *Kastenwesens*. Praktisch trug er aber wesentlich zur Überwindung des Kastendenkens bei, weil er es zuließ, dass in seiner Gemeinschaft Menschen aus allen vier Kasten zusammen mit Unberührbaren lebten. Schätzungen zufolge waren unter seinen Mönchen 48 Prozent Brahmanen, 29 Prozent Kshatriya, 13 Prozent Vaishya, 3 Prozent Shudra sowie 7 Prozent Kastenlose. Bei den Nonnen waren es 38 Prozent Brahmanen, 33 Kshatriya, 26 Prozent Vaishya, 3 Prozent Kastenlose und kaum Shudra. (Trutwin, S. 75) In kaum einer anderen Glaubensgemeinschaft Indiens konnten Menschen aus allen Schichten gleichwertig miteinander und in friedlicher Gemeinschaft leben. Auch war die Überwindung des Kastendenkens notwendige Voraussetzung für die Ausbreitung des Buddhismus in Ländern, die das Kastenwesen nicht kannten.

Eine weitere Reform der damaligen Lebensvorstellung brachte auch die oben beschriebene Lehre von den fünf Faktoren: Buddha kannte kein in sich beständiges „Ich". Vielmehr gibt es fünf Daseinsfaktoren, die sich ständig neu, aber jeweils anders zusammensetzen und die Vorstellung des Egos konstituieren. Mit dieser Leugnung einer wesenhaften Substanz im Menschen stand Buddha gegen die zu seiner Zeit verbreitete Interpretation der upanishadischen Atmanlehre, in der Atman als etwas Substanzhaftes verstanden wurde. Als Atman (individuelle Selbst bzw. „Seele" des Menschen) bezeichnen die Inder das im Menschen stets anwesende, wenn auch nicht immer erkannte Brahman (absolute Wirklichkeit, Weltseele). Buddha verwahrte sich gegen eine substanzhafte Vorstellung des Atman und sprach daher vom

Anatman, von der Nicht-Substanzhaftigkeit des menschlichen Wesens.

Eine weitere Besonderheit der Lehre Buddhas im Gegensatz zur Vorstellungswelt, in der er lebte, ist die *hohe Eigenverantwortlichkeit jedes einzelnen Lebewesens*. Im Gegensatz zu vielen anderen Religionsgemeinschaften gibt es für Buddha keine Mittlergestalten, die mithelfen könnten, die Sünden Einzelner zu tilgen. Darüber hinaus gibt es keine Gnadenlehre, wie in vielen Religionen, durch die die Menschen glauben, Götter oder Ahnen würden den Menschen ihre Sünden erlassen. Für Buddha waren solche Vorstellungen undenkbar – im Gegenteil: Jeder ist für sich selbst verantwortlich, und niemand kann anderen die Sünden vergeben oder erlassen. So haben für Buddha die *Götter* weder die Macht, das Karma der Menschen zu verändern noch haben sie eine Funktion für das eigentliche Lebensziel, nämlich die Erlösung. Auch ist für Buddha ein allmächtiger Schöpfergott unvorstellbar. Aus diesem Grund wird der Buddhismus oft als Religion ohne Götter bzw. als eine nicht-theistische Religion bezeichnet.

Buddhas Lehre ähnelt in vielen Punkten denen der Mystik. Ein *Mystiker* ist jemand, der die Erlösung nicht in der äußeren Welt, sondern im Inneren sucht und findet. Im Kern propagierte Buddha Meditationswege, um die notwendigen inneren Erkenntnisse gewinnen zu können. Diese führen zur vollkommenen Ruhe. Der Lebensdurst wird gestillt, wodurch der Kreislauf der Wiedergeburt durchbrochen ist.

Die Entwicklung des Buddhismus nach dem Tod Siddhartas bis heute

Die Ausbreitung des Buddhismus ging im Gegensatz zur Ausbreitung vieler anderer Religionen völlig unblutig vonstatten. Ein Grund, warum das möglich war, wird in der außerordentlich hohen religiösen Toleranz gesehen, die die buddhistische Philosophie mit sich bringt. Die hohe Eigenverantwortlichkeit der Menschen führt dazu, dass der Buddhismus seine Lehre nicht gewaltsam verbreitete. So werden nicht nur andere Religionen akzeptiert, sondern auch unterschiedliche Strömungen innerhalb des Buddhismus respektieren sich meistens, auch wenn es in der

Geschichte des Buddhismus immer wieder innerbuddhistische Schulkonflikte gab. Für Buddhisten ist die Erlösung das oberste Ziel. Der Weg dorthin kann unterschiedlich sein.

Wie viele andere Religionen auch breitete sich der Buddhismus sehr rasch aus. Bereits zum Zeitpunkt des Todes Buddhas bestand die buddhistische Bewegung aus vielen tausend Menschen, die in Mönche, Nonnen und Laien unterteilt waren. Sehr bald nach seinem Tod gab es das erste Konzil, in dem ein erster Textkanon der Lehre Buddhas definiert wurde. Im zweiten Konzil rund 100 Jahre später kündigte sich bereits die erste große Spaltung im Buddhismus an: Es ging um die Fragen, ob nur Mönche die Erleuchtung erlangen könnten und wie genau es möglich wäre, in das Nirvana zu gelangen.

Schon sehr früh kam es zu unterschiedlichen Schismen und außerhalb Indiens zu Vermischungen buddhistischen Gedankenguts mit anderen Religionsvorstellungen. Eine zentrale Rolle bei der Ausbreitung des Buddhismus nahmen Herrscher ein, indem sie durch die persönliche Annahme des Buddhismus diese religiöse Bewegung in ihren Ländern förderten und so die Ausbreitung unterstützten, so dass der Buddhismus recht schnell außerhalb Indiens Fuß fassen konnte. Heute ist er in zahlreichen asiatischen Ländern weit verbreitet. In seinem Urspungsland Indien, ist der Buddhismus heute jedoch eine Minderheitenreligion.

Im Laufe der Jahrhunderte haben sich im Buddhismus unterschiedliche Richtungen herausgebildet. Diese werden Fahrzeuge genannt, weil sie die Menschen an ihr Ziel bringen.

Die beiden älteren Strömungen des heutigen Buddhismus, die in sich wiederum stark unterteilt sind, werden *Theravada* (Pali: „Schule der Älteren") bzw. *Hinayana* (Sanskrit: „Kleines Fahrzeug") und *Mahayana* (Sanskrit: „Großes Fahrzeug") genannt. Für die ältere und ursprünglichere Strömung des Theravada gelten nur die alten Schriften und nur die Lehren Buddhas als authentische Richtschnur.

Aus der Sicht der Anhänger des Mahayana ist Buddhas Lehre so betrachtet aber unvollständig. Buddha habe nach ihrer Überzeugung neben den überlieferten Lehren auch Einsichten gehabt, die seine Hörer damals nicht verstehen konnten, weil sie dafür noch nicht reif waren. Im Laufe der Zeit sind weitere Lehren dazugekommen, die für die Anhänger des Mahayana ebenfalls kanonisch sind. Die ursprünglichen Schriften haben aber weiterhin volle Gültigkeit. So kann man das Verhältnis des Theravada-Kanons zu den Mahayana-Schriften „durchaus mit den christlichen Anschauungen über das Alte und das Neue Testament vergleichen" (Bechert, S. 329).

Die Unterschiede der beiden Grundströmungen sind kaum in wenigen Worten darzulegen. Während im Theravada die Bemühung um die individuelle Erlösung im Vordergrund steht, hat der Mahayana eine stärker kollektive Orientierung und eine starke Bodhisattva-Tradition. Bodhisattvas sind Wesen, die bereits Bodhi (Erwachen, Erleuchtung) erlangt haben, jedoch auf das Eingehen in das Nirvana verzichtet haben, um allen anderen Wesen auf ihrem Weg zur Erleuchtung zu helfen. Mit ihrer Hilfe haben nicht nur Mönche und Nonnen eine Chance auf Erlösung, sondern auch die Laien. So beinhaltet die Bezeichnung „Großes Fahrzeug" im Gegensatz zum „Kleinen Fahrzeug" die Möglichkeit, mehr Menschen zur Erlösung kommen.

Im Westen ist vor allem durch die Gestalt des *Dalai Lama* der *tibetische Buddhismus* bekannt. Diese buddhistische Konfession gehört zwar im Kern zur Mahayana-Tradition, wird jedoch zusammen mit anderen Strömungen der dritten großen buddhistischen Richtung, dem *Vajrayana* (Sanskrit: „Diamantenes Fahrzeug") zugeordnet. Beim Vajrayana spielen Rituale und Geheimlehren eine wichtige Rolle. Darüber hinaus haben im tibetischen Buddhismus die *Lamas* (Lehrer) eine wesentliche Rolle, sowohl im Kult als auch in der Unterweisung der Gläubigen.

Eine weitere im Westen bekannte Schule des Mahayana ist der Zenbuddhismus, der seine Wurzeln in China hat und von dort schließlich bis nach Japan gelangte. Der ebenfalls in Japan stark verbreitete *Shintoismus* ist keine ursprüngliche buddhistische Strömung. In der heutigen Form ist der Shintoismus eine Vermischung buddhistischen Gedankenguts mit der altjapanischen Götterwelt.

Insgesamt bezeichnet der Terminus Buddhismus keine einheitliche religiöse Strömung. Vielmehr ist er ein Sammelbegriff für viele sich auf Buddha berufende Religionssysteme, die sehr unterschiedlich sein können und zu denen sich rund zweieinhalb Jahrtausende nach Buddha weltweit je nach Zählung rund 250 bis 500 Millionen Menschen bekennen.

JESUS

Auf den Juden *Jesus von Nazaret* geht die heute zahlenmäßig größte Weltreligion zurück: Knapp ein Drittel der Weltbevölkerung bekennt sich zu Jesus, der auch Christus (griech. „der Gesalbte") genannt wird. Für die *Christen* ist Jesus nicht nur der jüdische Messias, sondern auch Gottes Mensch gewordener Sohn. Er ist Teil ihres trinitarischen Gottesbildes (Trinität: Es gibt einen Gott, der aus drei Personen besteht: Gott Vater, Jesus Christus, der Sohn und der Heilige Geist).

Obwohl mit Jesu Geburt unsere heutige *Zeitrechnung* beginnt, wurde er knapp vor der Zeitenwende im Gebiet des heutigen Staates Israel geboren. Dort verbrachte er auch sein Leben. Über den Großteil seines Lebens sind keine Quellen überliefert, Berichte gibt es jedoch über seine Geburt, über die relativ kurze Zeit seines öffentlichen Wirkens, über seine Hinrichtung am Kreuz und über seine Auferstehung von den Toten.

Jesus, der Zeit seines Lebens Jude war, wollte keine neue Religion gründen. Vielmehr war er ein kritischer Rabbi, aus dessen Lehre sich zuerst eine jüdische Bewegung und erst später eine eigenständige Religion entwickelte. Vor allem der als Völkerapostel *Paulus* bekannte *Saulus von Tarsus* trug viel zur Ausbreitung des *Christentums* bei. Auf ihn gehen viele christliche Gemeinden im Römischen Reich zurück. So wurde das Christentum schon kurz nach Jesu Tod eine eigenständige Religion.

Zeittafel: Jesus und die Entwicklung des Christentums

6/7 v. Chr.	Geburt Jesu in Betlehem
um 30	Kreuzigung Jesu
33/35	Bekehrung des Paulus
um 50	Erste neutestamentliche Schriften

64 bis Anfang 4. Jh.	Christenverfolgung im Römischen Reich
Ende des 3. Jh.	Kanonisierung des Neuen Testaments
4. Jh.	Christentum wird Staatsreligion im Römischen Reich
800	Kaiserkrönung Karls des Großen
962	Kaiserkrönung Ottos I. und Beginn des Heiligen Römischen Reiches. Diese besondere Verbindung zwischen der römisch-katholischen Kirche und dem Staat bestand bis zum Jahre 1806
1054	Spaltung zwischen der Ostkirche (orthodoxe Christen) und der Westkirche (katholische Christen). Der endgültige Bruch erfolgt 1204 beim vierten Kreuzzug. Im Jahre 1965 wurde diese Spaltung offiziell aufgehoben
1096–1270	Kreuzzüge ins Heilige Land
1517	Ablassthesen Martin Luthers. Als Folge hiervon entstehen durch Abspaltung von der römisch-katholischen Kirche zahlreiche protestantische Kirchen
1962–1965	II. Vatikanisches Konzil: Letztes Konzil der römisch-katholischen Kirche
heute	Das in viele Konfessionen (= Glaubensgemeinschaften) gespaltene Christentum ist die weltweit mit Abstand größte Weltreligion. Heute bekennen sich über 2,3 Milliarden Menschen zum christlichen Glauben. Mehr als die Hälfte davon (rund 1,2 Milliarden) gehören zur römisch-katholischen Kirche. Zur Gruppe der orthodoxen Christen zählen rund 300 Millionen Menschen, der Protestantismus hat knapp 400 Millionen Anhänger, und etwa ebenso viele Menschen bekennen sich zu anderen christlichen Glaubensgemeinschaften

Wichtige christliche Begriffe erklärt

Abendmahl a) Das letzte gemeinsame Zusammensein Jesu mit seinen Jüngern am Tag vor seiner Hinrichtung; b) Altarsakrament in der evangelischen Kirche (in der römisch-katholischen Kirche nennt man das Altarsakrament Eucharistiefeier).

Römisch-katholisch Die römisch-katholische Kirche ist die gößte christliche Konfession. Das Oberhaupt ist der Papst mit Sitz in Rom.

Kreuz a) Werkzeug für Hinrichtungen im Altertum; b) Heilszeichen für das Christentum, weil Jesus nach seiner Kreuzigung von den Toten auferstanden ist.

Orthodox Das orthodoxe Christentum bildete sich aus der byzantinischen Reichskirche heraus. Spätestens seit dem Bruch mit der römisch-katholischen Kirche im Jahre 1054 bzw. im Zuge der Geschehnisse des 4. Kreuzzugs im Jahre 1204 ist orthodox ähnlich wie katholisch eine Konfessionsbezeichnung.

Protestantismus Sammelbegriff für jene christlichen Konfessionen, die aus der Reformation hervorgegangen sind.

Reformation Christliche Erneuerungsbewegung, die auf Martin Luther (gest. 1546) zurückgeht. Die Reformation begann als Reform der römisch-katholischen Kirche und endete mit zahlreichen Kirchenabspaltungen.

Sakrament Handlung, die bestimmte göttliche Gnaden vermittelt. Die ratholische Kirche feiert sieben Sakramente: Taufe, Firmung, Eucharistie, Versöhnung/Buße, Krankensalbung, Ehe, Priesterweihe. Andere christliche Kirchen haben weniger Sakramente.

Sonntag Für Christen der erste Tag der Woche. Anstelle des jüdischen Sabbats (der der Samstag ist) feiern die Christen in Gedenken an die Auferstehung Jesu den Sonntag.

| Trinität | Kernelement der christlichen Gotteslehre, nach der Gott eine Gemeinschaft dreier Personen (Vater, Sohn, Heiliger Geist) ist. |

Quellen

Biblische Quellen

Die wichtigste Grundlage für die Erforschung des Lebens Jesu stellen die vier *biblischen Evangelien* dar. Zwar ist keiner der Autoren dieser vier Bücher Jesus persönlich begegnet, aber der Abfassung der Evangelien gehen lange Traditionsprozesse voraus. Heute kann jedoch nicht mehr geklärt werden, auf wen die den Evangelisten vorliegenden Quellen zurückgehen. Ganz allgemein geht die Forschung aber von einer hohen Authentizität der in der Bibel überlieferten Kernaussagen über die Person Jesu aus.

Das älteste der vier Evangelien stammt ungefähr aus dem Jahre 70 unserer Zeitrechnung und wird *Markusevangelium* genannt. Dieses hat viele gemeinsame Teile mit den um das Jahr 80 verfassten *Evangelien nach Matthäus* und nach *Lukas*. Schließlich ist noch das *Johannesevangelium* zu nennen, welches sich von den drei erstgenannten Büchern stark unterscheidet und um die Zeit zwischen 90 und 100 geschrieben wurde.

Neben den Evangelien sind in der Bibel vor allem die *Paulusbriefe* von hohem Interesse. Diese sind zeitlich viel früher zu datieren (ab dem Jahr 50) und stammen von einem Autor, der Jesus nie persönlich begegnet ist. Paulus hatte jedoch direkten Kontakt zu einigen der engsten Jünger Jesu (z. B. die Apostel Petrus und Jakobus). Auch wenn aus den Paulusbriefen nur wenige für eine Rekonstruktion der Biografie Jesu relevante Angaben entnommen werden können, sind diese wenigen Stellen doch von größter Bedeutung.

Außerbiblische Quellen

Neben dem biblischen Befund gab es Ende des ersten und Anfang des zweiten Jahrhunderts vier bedeutende Autoren, die in ihren Schriften Jesus erwähnten. Der erste war *Flavius Josephus*. In seinem Werk *Antiquitates Iudaicae* (Jüdische Altertümer) aus dem Jahr 93/94 gibt es einen kürzeren Abschnitt, der als *Testimonium Flavianum* bekannt ist:

> *Zu dieser Zeit lebte Jesus, ein weiser Mann, wenn man ihn überhaupt einen Mann nennen darf. Er war nämlich ein Vollbringer unglaublicher Taten und ein Lehrer der Menschen, die mit Freude das Wahre (in sich) aufnehmen. Und er zog viele Juden und viele (Menschen) griechischer Art an. Dieser war der Christus. Und obgleich ihn Pilatus auf Anzeige unserer vornehmsten Männer hin mit dem Kreuzestod bestraft hatte, ließen die, die ihn zuvor geliebt hatten, von ihrer Liebe zu ihm nicht ab. Denn er erschien ihnen am dritten Tag wieder lebend, wie die göttlichen Propheten dies und tausend andere wunderbare Dinge über ihn verkündet hatten. Und noch heute ist das Geschlecht der Christen, die sich nach ihm benennen, nicht verschwunden.*
> Flavius Josephus Ant XVIII 3,3 § 63 f. (Bienert, S. 387 f.)

Neben diesem Abschnitt findet Jesus bei Josephus noch eine zweite Erwähnung:

> *Ananus berief den Hohen Rat zum Gericht und ließ den Bruder Jesu, des sogenannten Christus, Jakobus mit Namen, sowie einige andere, die er der Gesetzesübertretung beschuldigte, zur Steinigung führen.*
> Flavius Josephus Ant XX 9,1 § 200 (Aufhauser, S. 13 f.)

Während letzterer Text von der Fachwelt großteils als authentisch eingestuft wird, gibt es beim Testimonium Flavianum unterschiedliche Meinungen bezüglich der Echtheit. Die Formulierungen klingen nämlich wie ein Glaubensbekenntnis. Es bleibt die Begründung offen, warum ein angesehener, heidnischer Autor so geschrieben haben soll. Historiker gehen daher von einem echten

Textkern aus, der von Josephus selbst stammt, und der später von Christen erweitert wurde.

Rund 20 Jahre nach Josephus schrieb *Plinius der Jüngere* einen *Brief an Kaiser Trajan*. Darin informierte er den Kaiser über die Ausbreitung des Christentums, über den christlichen Gottesdienst usw.

Im Zeugnis des Geschichtsschreibers *Tacitus* aus dem Jahre 116/117 werden im Zusammenhang mit dem Brand Roms Christen erwähnt und es findet sich auch ein Satz über Jesus:

Daher schob Nero, um dem Gerede (er selbst habe Rom angezündet) ein Ende zu machen, andere als Schuldige vor und belegte die mit den ausgesuchtesten Strafen, die, wegen ihrer Schandtaten verhasst, vom Volk Christianer genannt wurden. Der Mann, von dem sich dieser Name herleitet, Christus, war unter der Herrschaft des Tiberius auf Veranlassung des Prokurators Pontius Pilatus hingerichtet worden; und für den Augenblick unterdrückt, brach der unheilvolle Aberglaube wieder hervor, nicht nur in Judäa, dem Ursprungsland des Übels, sondern auch in Rom, wo aus der ganzen Welt alle Greuel und Scheußlichkeiten zusammenströmen und gefeiert werden.
Tacitus Annales XV 44,2 f. (Bösen, S. 25)

Schließlich ist uns noch ein kurzer Satz bei *Sueton* aus dem Jahre 119/120 überliefert:

Die Juden, die – von Christus aufgehetzt – ständig Unruhe stifteten, vertrieb er [sc. Claudius] *aus Rom.*
Ant XX 9,1 § 200 (Bösen, S. 27)

Die Welt, in der Jesus lebte

Jesus von Nazaret lebte im Staatsgebiet des heutigen Israel. Obwohl laut biblischem Bericht im unweit von Jerusalem gelegenen *Betlehem* geboren, wuchs er in *Nazaret in Galiläa* auf. Gekreuzigt wurde er in Jerusalem.

Palästina (ungefähr das Gebiet des heutigen Staates Israel) wurde während der Jahrhunderte vor und nach Jesu – abgesehen von einer 79jährigen Unterbrechung – ständig von fremden Völkern beherrscht. Die *Römer* stiegen im Laufe des zweiten vorchristlichen Jahrhunderts zur größten Macht der hellenistischen Welt auf. Pompeius gliederte Palästina im *Jahre 63* dem *Römischen Reich* ein und zählte es zur *Provinz Syrien*. Im Jahre 40 wurde Syrien von den Parthern eingenommen. Der Jude *Herodes der Große* konnte mit Hilfe der Römer die alte Ordnung wiederherstellen und wurde daraufhin u. a. Herrscher über Judäa und Galiläa. Seine Stellung war die eines verbündeten Königs, d. h. er hatte große Freiheiten, war aber in wichtigen politischen Entscheidungen von Rom abhängig. In der Bibel wird berichtet, wie Jesus in der Regierungszeit des Herodes des Großen geboren wurde und wie dieser aus Angst um seine Macht versuchte, Jesus zu töten (Mt 2).

Nach Herodes Tod im Jahre 4 v. Chr. wurde das Reich unter dessen Söhnen aufgeteilt. *Judäa* wurde jedoch ab dem Jahre 6 n. Chr. direkt von Rom mittels *Statthaltern* verwaltet. Ein solcher war *Pontius Pilatus*, der dieses Amt von 26 bis 36 n. Chr. innehatte. Nach außerbiblischen Angaben war er äußerst brutal und wurde deshalb auch von seinem Amt abgesetzt. Er spielte eine entscheidende Rolle beim Prozess Jesu und sprach auch das Todesurteil über ihn aus.

Seit dem Jahre 4 v. Chr. wurde *Galiläa* vom Herodessohn *Herodes Antipas* verwaltet. Jesu Hinrichtung warf somit rein rechtlich ein Problem auf, da Jesus aus Nazaret in Galiläa (von Herodes Antipas verwaltet) stammte und in Jerusalem (wo Pontius Pilatus als Statthalter zuständig war) hingerichtet wurde. Laut Lukasevangelium wurde Jesus deshalb von beiden verhört und schließlich von Pontius Pilatus verurteilt.

Palästina war – obwohl Teil des Römischen Reiches – sehr weit von Rom entfernt. So hatten auch die beiden römischen Kaiser, die zur Lebenszeit Jesu regierten, keinen direkten Einfluss auf das Leben Jesu: Von 31 v. Chr. bis 14 n. Chr. war *Augustus* römischer Kaiser. Er wird in Lk 2,1 im Zusammenhang mit einer Volkszählung erwähnt. Gekreuzigt wurde Jesus in der Regierungszeit des *Tiberius*. Dieser war Kaiser von 14 bis 37 n. Chr. Er wird nur einmal in Lk 3,1 erwähnt.

Das Römische Reich war kein Einheitsstaat im heutigen Sinn. Dafür fehlten beispielsweise die technischen Voraussetzungen der Nachrichtenübertragung. Die einzelnen Statthalter und verbündeten Könige hatten große Machtbefugnisse und waren nur in relativ wenigen Angelegenheiten von Rom weisungsgebunden.

Neben den politischen Machthabern gab es im Palästina der Zeitenwende unterschiedliche *jüdische Gruppierungen*. Obwohl bereits zur Zeit Jesu viel mehr Juden in der Diaspora (d. h. außerhalb Palästinas) als in Palästina selbst gelebt haben, war doch der *Tempel in Jerusalem* unbestritten das religiöse Zentrum. Dreimal im Jahr pilgerten Juden aus allen Teilen des Landes und auch von außerhalb zum Tempel, um die religiösen Feste zu feiern und die Opfer darzubringen. Jesu Heimatstadt war rund 100 Kilometer bzw. drei Tagesmärsche von Jerusalem entfernt: Nah genug, um regelmäßig dorthin zu pilgern, aber auch weit genug entfernt, um nicht direkt dem Einflussbereich der führenden jüdischen Priesterschaft ausgesetzt zu sein.

Trotz der römischen Herrschaft genossen die Juden in Palästina eine gewisse Sonderstellung und durften sich vor allem in religiösen Bereichen selbst verwalten. An der Spitze der jüdisch-religiösen Selbstverwaltung stand der *Hohepriester*. Er hatte die Oberaufsicht über den Kult im Tempel und vertrat das Volk in religiösen Belangen gegenüber dem römischen Statthalter. *Kaiphas* hatte dieses Amt von 18 bis 37 inne und spielte in der Passionsgeschichte Jesu eine maßgebliche Rolle. Der Hohepriester war auch Vorsitzender des *Synedriums*, der obersten jüdischen politischen und gerichtlichen Instanz. Das Synedrium umfasste 70 Mitglieder und setzte sich aus den Oberpriestern, den Ältesten, den Vertretern der *Sadduzäer* und den Schriftgelehrten, die ihrerseits meist aus dem Kreis der Pharisäer stammten, zusammen.

Die *Pharisäer* waren die einflussreichste jüdische Gruppe, meistens Laien (Bauern, Handwerker, Kaufleute …), geführt von Schriftgelehrten. Streng befolgten sie die Tora, waren aber auch bemüht, das religiöse Denken weiterzuentwickeln. Sie glaubten an die Auferstehung der Toten und an das jüngste Gericht. Politisch standen sie den Römern reserviert gegenüber und warteten auf die Wiederherstellung Israels.

Die *Sadduzäer* bildeten die Partei des Priesteradels. Priester konnten damals nur Angehörige aus dem Volksstamm der Leviten werden. So waren die Sadduzäer eine relativ geschlossene Gruppe. Bis zum Jahr 70 n. Chr. hatten sie nicht nur religiös, sondern auch politisch einen großen Einfluss und stellten alle Hohepriester und den Großteil der Ältesten im Synedrium. Politisch waren sie um einen Ausgleich mit Rom bemüht.

Eine weitere Gruppierung waren die *Zeloten*. Diese standen in ihrer religiösen Überzeugung den Pharisäern nahe, kämpften aber vehement gegen das römische Regime. Der Apostel Simon hatte laut Lk 6,15 den Beinamen „der Zelot" und manche Exegeten vermuten, dass auch Judas Iskariot ein Anhänger der zelotischen Partei war.

Das Leben der Juden zur Zeit Jesu in Palästina war also einerseits bestimmt von ihrem Glauben und den durch die Religion vorgegebenen Vorschriften und Bräuchen. Andererseits war es eine Zeit der politischen Unterdrückung mit vielen blutigen Übergriffen seitens der römischen Besatzungsmacht.

Das Leben des Jesus von Nazaret

Geburt und Kindheit

Nur zwei Evangelien (Matthäus und Lukas) überliefern Kindheitsgeschichten. Kontrovers ist die Meinung heutiger Fachleute bezüglich der Historizität dieser Berichte: Während manche Forscher von zumindest weitgehend originalgetreuen Erzählungen ausgehen, beinhalten die Beschreibungen rund um die Geburt Jesu für andere wenige bis keine historisch fundierten Fakten. Vieles spricht jedoch dafür, die Kernaussagen der biblischen Erzählungen rund um die Geburt Jesu als authentisch anzunehmen, auch wenn sich viele Details nicht so zugetragen haben dürften, wie es die Evangelisten Matthäus und Lukas festhielten.

Jesus wurde um das Jahr *7 oder 6 vor Christi Geburt geboren*. Dieses Kuriosum kommt dadurch zustande, dass der römische Mönch *Dionysius Exiguus* im Jahre 525 n. Chr. das Geburtsjahr Jesu berechnete und ihm dabei mehrere Fehler unterliefen: Zum einen beginnt die Zeitrechnung bei ihm mit dem Jahr eins und nicht mit dem Jahr null. Zum anderen sind einige historische Quellen nicht sehr exakt bzw. wurden von ihm nicht ganz korrekt übernommen.

Im Matthäusevangelium ist zu lesen, dass Jesus zur Zeit der Regierung von *Herodes* dem Großen geboren wurde. Herodes starb jedoch schon 4 v. Chr. Weitere zwei Jahre sind von diesem Datum zurückzugehen, weil Herodes alle Knaben bis zum zweiten Lebensjahr töten ließ (Mt 2,16). So kann Jesus frühestens 6 v. Chr. geboren worden sein.

Laut biblischem Bericht wurde Jesus in *Betlehem* geboren. Der Grund, warum seine Eltern den weiten Weg von Nazaret nach Betlehem unternommen haben, soll eine Volkszählung gewesen sein. Historisch ist dieser Zensus jedoch nicht überliefert. Aus diesem Grund zweifeln manche Forscher auch Betlehem als Geburtsort Jesu an.

Die Bibel offenbart weiters, dass *Josef* nicht Jesu leiblicher Vater, sondern nur sein Stiefvater war. Gezeugt wurde Jesus nach diesen Berichten vom heiligen Geist, und seine leibliche Mutter war *Maria* (die aramäische Originalform des eingedeutschten Namens Maria lautet *Mirjam*). Josef und Maria gingen kurz vor der Geburt des Kindes nach Betlehem, der Stadt Davids, da Josef aus dem Geschlecht Davids war und sich dort in die Steuerlisten eintragen lassen musste:

In jenen Tagen erließ Kaiser Augustus den Befehl, alle Bewohner des Reiches in Steuerlisten einzutragen. Dies geschah zum ersten Mal; damals war Quirinius Statthalter von Syrien. Da ging jeder in seine Stadt, um sich eintragen zu lassen. So zog auch Josef von der Stadt Nazaret in Galiläa hinauf nach Judäa in die Stadt Davids, die Betlehem heißt; denn er war aus dem Haus und Geschlecht Davids. Er wollte sich eintragen lassen mit Maria, seiner Verlobten, die ein Kind erwartete. Als sie dort waren, kam für Maria die Zeit ihrer Niederkunft, und sie gebar ihren Sohn, den Erstgeborenen. Sie wickelte ihn in Windeln und legte ihn in eine Krippe, weil in der Herberge kein Platz für sie war.
Lk 2,1–7

Die spätere Überlieferung formt diese Erzählung stark aus: Jesu sei in einem Stall auf die Welt gekommen, und die Bewohner der Stadt hätten kein Mitleid mit der schwangeren Frau gehabt. Schließlich hätte man ihnen einen Stall angeboten, wo Jesus das Licht der Welt erblickte. Danach sei das neugeborene Kind in die

Futterkrippe der Tiere gelegt worden, und sogar Ochs und Esel
hätten Jesus dort angebetet. Das apokryphe Pseudo-Matthäus-
evangelium aus dem 8./9. Jh. schildert die Anbetung durch die
Tiere folgendermaßen:

> *Da erfüllte sich, was durch den Propheten Jesaja verkündet ist,*
> *der sagt: ,Der Ochs kennt seinen Besitzer und der Esel die Krippe*
> *seines Herrn.' So beteten sogar die Tiere, Ochs und Esel, ihn*
> *ständig an, während sie ihn zwischen sich hatten.*
> Pseudo-Matthäusevangelium (nach Weidinger, S. 456)

Die Bibel berichtet weiter, wie Maria, Josef und das Kind nach
der Geburt nicht sofort nach Nazaret zurückgingen, sondern
sich noch längere Zeit in Betlehem und kurz auch in Ägypten
aufhielten.

Maria und Josef gaben ihrem Kind den Namen *Jesus*. Dieser
Name ist genau genommen aber nur die griechische Schreib- bzw.
Sprechweise des aramäischen Namens *Jeschua* (die Kurzform von
Jeschua lautete Jeschu und die Langform Jehoschua). Die deut-
sche Form dieses Namens lautet in Anlehnung an die griechische
Transkription *Jesus* und die Genetivbezeichnung ist *Jesu*.

Jesus wuchs zusammen mit seinen Eltern Maria und Josef in
Nazaret in Galiläa auf. Die biblischen Überlieferungen berichten
nur wenig über seine Familie. So findet Josef nach den Kindheitsgeschichten nur mehr beiläufige Erwähnung:

> *Seine* [sc. Jesu] *Rede fand bei allen Beifall; sie staunten darüber,*
> *wie begnadet er redete, und sagten: Ist das nicht der Sohn Josefs?*
> Lk 4,22

Allein die Tatsache, dass Josef im Markusevangelium überhaupt
nicht namentlich genannt wird, lässt darauf schließen, dass
die Nachwelt nicht mehr viel über den Vater von Jesus wusste.
Während allgemein davon ausgegangen wird, dass Josef bei der
Hinrichtung Jesu nicht mehr am Leben war, dürfte Jesu Mutter
ihren Sohn manchmal begleitet haben und sogar bei seiner
Kreuzigung dabei gewesen sein. Trotzdem spielt auch Maria in
den biblischen Berichten eher eine untergeordnete Rolle. Einmal
berichtet beispielsweise das Johannesevangelium, dass Jesus mit

ihr bei einer Hochzeit war und zu ihr in einem sehr schroffen Ton sprach:

Als der Wein ausging, sagte die Mutter Jesu zu ihm: Sie haben keinen Wein mehr. Jesus erwiderte ihr: Was willst du von mir, Frau? Meine Stunde ist noch nicht gekommen. Seine Mutter sagte zu den Dienern: Was er euch sagt, das tut!
Joh 2,3–5

Weitere Familienmitglieder Jesu sind kaum bekannt. Der Vater von Josef und damit der *Großvater Jesu* wird in zweifacher Form überliefert: Laut Matthäusevangelium hieß er *Jakob* (Mt 1,7), laut Lukas war es *Eli* (Lk, 3,23). In der christlichen Tradition werden mit *Anna* und *Joachim* die Eltern Marias verehrt, auch wenn beide in der Bibel keine Erwähnung finden.

Während die christliche Überlieferung Jesus als Einzelkind sieht, führt die Bibel mehrere Brüder und Schwestern von Jesus an:

Ist das nicht der Sohn des Zimmermanns? Heißt nicht seine Mutter Maria und sind nicht Jakobus, Josef, Simon und Judas seine Brüder? Leben nicht alle seine Schwestern unter uns? Woher also hat er das alles
Mt 13,55 f

Die Namen der Geschwister variieren in den biblischen Parallelstellen. Ob die genannten Brüder und Schwestern leibliche Geschwister Jesu waren oder nur weitere Familienangehörige, kann heute nicht mehr eindeutig gesagt werden. Es fällt jedoch auf, dass die sogenannten *Herrenbrüder* Patriarchennamen tragen, „was auf eine streng jüdische Familie schließen lässt" (Gnilka, Sp. 807).

Nazaret, der Heimatort Jesu, lag auf halbem Weg zwischen dem See Gennesaret und dem Mittelmeer. Etwa eine Gehstunde entfernt von Nazaret war *Sepphoris*. Diese antike Stadt wurde 6. n. Chr. von den Römern vollständig zerstört, und es wurden rund 2000 Aufständische brutal am Kreuz hingerichtet. Es ist anzunehmen, dass fast jede Familie im Umkreis zumindest ein Familienmitglied verlor. So wird auch Jesus damals im Alter von rund zwölf Jahren die Unterdrückung durch die römische Besatzungsmacht unmittelbar erlebt haben.

Etwa in diese Zeit datiert das Lukasevangelium auch die einzige in der Bibel überlieferte Begebenheit zwischen Jesu Kindheit und seinem öffentlichen Auftreten.

Die Eltern Jesu gingen jedes Jahr zum Paschafest nach Jerusalem. Als er zwölf Jahre alt geworden war, zogen sie wieder hinauf, wie es dem Festbrauch entsprach.
Lk 2,41 f.

Der Bericht erzählt zudem, wie Jesus nach dem Ende der Festtage in Jerusalem ohne Zustimmung seiner Eltern zurückblieb und von ihnen erst drei Tage später gefunden wurde. In der Zwischenzeit war Jesus im Tempel, hörte den Lehrern zu, stellte Fragen und gab weise Antworten. Auf die Frage seiner Mutter, wie er seinen Eltern das hätte antun können, legt der biblische Bericht Jesus folgende Worte in den Mund:

Warum habt ihr mich gesucht? Wusstet ihr nicht, dass ich in dem sein muss, was meinem Vater gehört?
Lk 2,49

Mehr ist über Jesu Kindheit und über seine Jugend in den frühen Quellen nicht überliefert. Zwar gibt es weitere außerbiblische Kindheitsgeschichten und Evangelien mit legendenhaften Erzählungen, aber auch diese schöpfen nicht aus historischen Quellen und sind daher für die Erstellung einer Biografie völlig wertlos.

Jesu war von Beruf *Zimmermann*. Nach der Zerstörung der Stadt Sepphoris wurde ab dem Jahr 17 durch *Tiberias* eine neue Hauptstadt der Tetrarchie Galiläa-Peräa erbaut. Deshalb kann davon ausgegangen werden, dass Jesus mit seinem Handwerk eine gute Konjunktur vorfand und damit auch genügend Arbeit hatte.

Familiär erwähnt die Bibel weder eine Ehefrau noch Kinder von Jesus. Nach christlicher Tradition blieb Jesus Zeit seines Lebens unverheiratet. Ob das historisch wirklich so war, bezweifeln viele Wissenschaftler: Für einen Juden war es äußerst ungewöhnlich, nicht zu heiraten, und ein Rabbi, wie Jesus häufig genannt wurde, musste Frau und Kinder haben. Es gab zwar jüdische Sondergruppen wie die Essener, die eine mönchische Lebensform dem ehelichen Leben vorzogen, aber Jesus dürfte nicht Anhänger dieser oder ähnlicher Gruppierungen gewesen sein. Zusammenfassend kann über diese vor allem in den letzten Jahrzehnten viel spekulierte Frage Folgendes gesagt werden: Weder für die These, Jesus wäre verheiratet gewesen noch für das Gegenteil gibt es eindeutige Beweise. Auf alle Fälle ist die Vorstellung, *Maria Magdalena* wäre die Frau von Jesus gewesen, eine reine Spekulation, die vor allem in der Profanliteratur immer wieder aufgerollt wird.

Die Zeit seines öffentlichen Wirkens

Über den Großteil des Lebens Jesu ist uns heute ebenso wenig bekannt wie über den Grund seines öffentlichen Wirkens. In keinem Text wird von einem Berufungserlebnis oder von einem sonstigen einschneidenden Ereignis in seinem Leben berichtet. Auch wissen wir nicht, wann Jesus anfing, öffentlich zu lehren und wie lange diese öffentliche Phase dauerte. Einer der wenigen Datierungshinweise findet sich im Lukasevangelium:

> *Es war im fünfzehnten Jahr der Regierung des Kaisers Tiberius;*
> *Pontius Pilatus war Statthalter von Judäa, Herodes Tetrarch*
> *von Galiläa, sein Bruder Philippus Tetrarch von Ituräa und*
> *Trachonitis, Lysanias Tetrarch von Abilene; Hohepriester waren*
> *Hannas und Kajaphas. Da erging in der Wüste das Wort Gottes*
> *an Johannes, den Sohn des Zacharias.*
> Lk 3,1 f.

Tiberius war römischer Kaiser von 14 bis 37 n. Chr. Entsprechend dieser Angabe müsste das Auftreten *Johannes des Täufers* um das Jahr 29 gewesen sein. Johannes war ein charismatischer Mann, der das Volk in Scharen anzog und es taufte (Lk 3,7). Viele Menschen glaubten damals, Johannes wäre der den Juden verheißene Messias, doch Johannes sah sich selbst nur als dessen Wegbereiter bzw. die Evangelien verstanden ihn als einen solchen.

Es ist gut möglich, dass Jesus ein Anhänger oder sogar ein Jünger von Johannes dem Täufer war. Auf alle Fälle stieg Jesus bald aus seinem Schatten und wurde selbst der Meister, dem die anderen folgten. Es gibt keine Aufzeichnungen darüber, ob das vor oder nach der erfolgten Hinrichtung von Johannes dem Täufer war.

Direkt nach dem Bericht über die Taufe Jesu findet sich im Lukasevangelium eine Aussage, die eine Richtlinie für die Datierung der Ereignisse im Leben Jesu bildet:

Jesus war etwa dreißig Jahre alt, als er zum ersten Mal öffentlich auftrat.
Lk 3,23

Diese Aussage lässt vermuten, Jesus sei schon vor dem Jahr 29 öffentlich aufgetreten. In der Tat gibt es noch weitere Zeitangaben in der Bibel, die annehmen lassen, dass der Beginn des öffentlichen Wirkens Jesu schon früher war. Gesichert sind aber auch diese Angaben nicht. Mit Gewissheit kann jedoch gesagt werden, dass Jesus bei seinem ersten öffentlichen Auftreten für damalige Verhältnisse bereits ein Mann mittleren Alters war: Die durchschnittliche Lebensdauer der Menschen im Orient zur Zeit Jesu schätzen Wissenschafter nämlich auf rund 25 Jahre. Kindersterblichkeit, Krankheiten, mangelnde Hygiene und Kriege waren für diese geringe Lebenserwartung verantwortlich. Nur zehn Prozent der Bevölkerung erreichte das Alter von 60 Jahren.

Über die Art, wie das öffentliche Wirken Jesu genau war, gibt es unterschiedliche Ansichten. Aus manchen Bibelstellen kann geschlossen werden, dass Jesus viel in Galiläa und auch in den umliegenden Gebieten umherwanderte und die Menschen belehrte. Allzu groß dürfte der Aktionsradius Jesu jedoch nicht gewesen sein: Die Entfernung zwischen dem Mittelmeer und dem Jordan beträgt rund 50 km und konnte in zwei Tagesreisen leicht zurückgelegt werden. Nazaret war von *Kafarnaum* rund 30 km entfernt, was ungefähr die Wegstrecke eines Tagesmarsches beträgt. Kafarnaum ist ein Ort am See Gennesaret, an dem sich Jesus sehr oft aufhielt. Ob er dort selbst ein Haus hatte oder nur Gast von Petrus, einem seiner Hauptjünger war, weiß man heute nicht mehr.

Recht bald nach dem Beginn seines öffentlichen Wirkens sammelte Jesus eine Gruppe Menschen um sich, die ihn auf seinen Wanderungen durch Galiläa begleiteten. Die engsten Gefolgsleute Jesu sollen zwölf Männer gewesen sein, die auch die zwölf Apostel bzw. die Jünger Jesu genannt werden:

> *Als es Tag wurde, rief er seine Jünger zu sich und wählte aus ihnen zwölf aus; sie nannte er auch Apostel. (Es waren) Simon, dem er den Namen Petrus gab, und sein Bruder Andreas, dazu Jakobus und Johannes, Philippus und Bartholomäus, Matthäus und Thomas, Jakobus, der Sohn des Alphäus, und Simon, genannt der Zelot, Judas, der Sohn des Jakobus, und Judas Iskariot, der zum Verräter wurde.*
> Lk 6,13–16

In der Bibel finden sich mehrere Apostellisten, wobei diese Listen zum Teil unterschiedliche Namen enthalten. Man erfährt daraus wenig über Herkunft, Beruf und Familienstand der Apostel. Einige übten den Beruf des Fischers aus und Matthäus war ein Zöllner (Mt 10,3). Von Petrus wird in Mk 1,30 berichtet, dass er eine Schwiegermutter hatte. Folglich musste er auch verheiratet gewesen sein, auch wenn seine Frau und seine möglichen Kinder keine Erwähnung im biblischen Bericht finden. Neben diesen Männern folgten Jesus auch viele Frauen:

> *In der folgenden Zeit wanderte er von Stadt zu Stadt und von Dorf zu Dorf und verkündete das Evangelium vom Reich Gottes. Die Zwölf begleiteten ihn, außerdem einige Frauen, die er von bösen Geistern und von Krankheiten geheilt hatte: Maria Magdalena, aus der sieben Dämonen ausgefahren waren, Johanna, die Frau des Chuzas, eines Beamten des Herodes, Susanna und viele andere. Sie alle unterstützten Jesus und die Jünger mit dem, was sie besaßen.*
> Lk 8,1–3

Maria Magdalena wird häufig als die Sünderin bzw. Prostituierte dargestellt, die Jesus mit Öl salbte (Lk 7,36–50). Historisch haltbare Fakten für diese Gleichsetzung, die erst seit den Magdalenahomilien Papst Gregors des Großen (gest. 604) bezeugt sind, gibt es aber nicht. Maria Magdalena begleitete Jesus sicher längere Zeit und sie war es auch, die ihn nach seiner Auferstehung von den Toten als erste sah. *Johanna* war die Frau des Chuza, eines hohen Beamten am Hof des Herodes. Manche Überlieferungen sehen Chuza als Finanzminister des Königs. Welches Aufsehen diese bunte Anhängergruppe Jesu bei den Menschen gehabt haben muss, kann heute nur mehr erahnt werden.

Jesus war, wenn er sich nicht zum Gebet zurückzog, oft von vielen Menschen umringt. Er dürfte aber eher zu den unteren Schichten der Bevölkerung Kontakt gehabt haben als zu den Mächtigen des Landes. So wird berichtet, wie er mit Sündern, also mit Menschen, die geächtet waren, beisammen war und mit ihnen auch aß. Er gab sich mit Aussätzigen ab, war bei einem verhassten Zöllner zu Gast, sprach in aller Öffentlichkeit mit Prostituierten usw. Überhaupt dürfte er ein eher geselliger Mensch gewesen sein, was ihm seine Kritiker scheinbar übel genommen haben:

> Jesus sprach: *Der Menschensohn* [sc. Jesus] *ist gekommen, er isst und trinkt; darauf sagen sie: Dieser Fresser und Säufer, dieser Freund der Zöllner und Sünder!*
> Mt 11,19

Jesus suchte den Umgang mit den Menschen, die seine Anwesenheit schätzten und seine Hilfe brauchten. Er wurde aber auch von angesehenen Leuten eingeladen und nahm diese Einladungen an. Wahrscheinlich war er in vielen Häusern ein gern gesehener Gast, denn seine Klugheit und vor allem seine Wortgewandtheit dürfte sich bis weit über die Grenzen seiner Heimatstadt herumgesprochen haben. Auch gehen viele Gleichnisse auf Jesus zurück. Er dürfte eine sehr charismatische Persönlichkeit gewesen sein, die es verstand, den Menschen mit einfachen Bildern komplizierte Zusammenhänge gut erklären zu können.

Jesus war aber nicht nur die friedsame und warmherzige Person, die christliche Theologen oft verkündet haben und teilweise immer noch verkünden. Mehrfach ist überliefert, wie Jesus nicht nur ‚sanft' mit seiner Umgebung umging, sondern auch zornig werden konnte. Besonders deutlich erfuhr das Petrus, den er sogar als Satan bezeichnete:

> *Geh hinter mich (mir nach), Satan!*
> Mk 8,33 (nach Trummer, S. 45)

Jesus war sicherlich das, was man heute emotional nennen würde. Vielleicht war aber gerade das der Grund, warum er bei den Menschen so beliebt war, und sie ihm an viele Orte folgten. Aus heutiger Sicht ist es schwer zu sagen, wie groß die Menge wirklich war, die Jesus an manchen Tagen begleitete. Wenn davon berichtet wird, dass 5.000 Männer plus Frauen und Kinder zusammengekommen sind, um Jesus zu hören (z. B. Mk 6,30–44), dann sind diese Zahlen wohl symbolisch und keine tatsächlichen Mengenangaben. Man muss davon ausgehen, dass es selbst Menschen mit kräftiger Stimme kaum möglich ist, vor über 10.000 Menschen ohne Mikrophon zu sprechen und trotzdem von allen verstanden zu werden.

Jesus vollbrachte laut den biblischen Berichten während der Zeit seines öffentlichen Wirkens viele Wunder: Er soll Lahme geheilt und Blinde sehend gemacht haben, er soll Besessene von ihren Dämonen befreit, Aussätzige von ihrer Krankheit geheilt und auch Menschen von den Toten erweckt haben. Auch soll er bei einem Seesturm dem Wind und dem See gedroht haben, wodurch der Sturm plötzlich aufgehört haben soll und völlige Stille eingetreten sei. Eines der bekanntesten Wunder ereignete sich ebenfalls auf einem See:

Gleich darauf forderte er die Jünger auf, ins Boot zu steigen und an das andere Ufer vorauszufahren ... Das Boot aber war schon viele Stadien vom Land entfernt und wurde von den Wellen hin und her geworfen; denn sie hatten Gegenwind. In der vierten Nachtwache kam Jesus zu ihnen; er ging auf dem See. Als ihn die Jünger über den See kommen sahen, erschraken sie, weil sie meinten, es sei ein Gespenst, und sie schrien vor Angst. Doch Jesus begann mit ihnen zu reden und sagte: Habt Vertrauen, ich bin es; fürchtet euch nicht! Darauf erwiderte ihm Petrus: Herr, wenn du es bist, so befiehl, dass ich auf dem Wasser zu dir komme. Jesus sagte: Komm! Da stieg Petrus aus dem Boot und ging über das Wasser auf Jesus zu. Als er aber sah, wie heftig der Wind war, bekam er Angst und begann unterzugehen. Er schrie: Herr, rette mich! Jesus streckte sofort die Hand aus, ergriff ihn und sagte zu ihm: Du Kleingläubiger, warum hast du gezweifelt? Und als sie ins Boot gestiegen waren, legte sich der Wind. Die Jünger

im Boot aber fielen vor Jesus nieder und sagten: Wahrhaftig,
du bist Gottes Sohn.
Mt 14,22–33

Über die Dauer des Wirkens Jesu gibt es in der Bibel unterschiedliche Angaben. Die Berichte lassen auf einen Zeitraum zwischen einem halben Jahr und zwei Jahren schließen. Allgemein wird heute jedoch davon ausgegangen, dass Jesus mindestens ein Jahr öffentlich lehrte, bevor er in Jerusalem hingerichtet wurde.

Die letzten Tage und die Hinrichtung Jesu

Die letzten Lebenstage Jesu werden in der Bibel ausführlich dokumentiert. Es beginnt damit, dass Jesus mit seinen Jüngern nach Jerusalem ging, um das *Pessachfest* (aramäisch „Pascha") zu feiern. Dieses Fest ist eines der höchsten jüdischen Feste und erinnert an den Auszug der Israeliten aus Ägypten unter der Führung von Mose. In allen vier Evangelien wird vom glanzvollen Einzug Jesu in Jerusalem berichtet:

> *Am Tag darauf hörte die Volksmenge, die sich zum Fest ein-*
> *gefunden hatte, Jesus komme nach Jerusalem. Da nahmen sie*
> *Palmzweige, zogen hinaus, um ihn zu empfangen und riefen:*
> *Hosanna! / Gesegnet sei er, der kommt im Namen des Herrn, /*
> *der König Israels!*
> Joh 12,12 f.

Diese Begebenheit zeigt, welch hohen Bekanntheitsgrad Jesus bei den Menschen seiner Zeit hatte und welche Erwartungen in ihn gesetzt wurden. Wahrscheinlich sahen viele Juden in Jesus den verheißenen Messias, der „im Namen des Herrn" gekommen war, um das Volk von der römischen Unterdrückung zu befreien. Viele Juden verstanden den Titel *König* wörtlich und glaubten deshalb auch, dass Jesus nicht nur ihr spirituelles Oberhaupt, sondern auch ihr weltlicher Herrscher werden würde. Diese politischen Machtspekulationen wies Jesus aber entschieden zurück. So antwortete er beim späteren Verhör vor Pontius Pilatus auf die Frage, ob er der König der Juden sei:

Mein Königtum ist nicht von dieser Welt. Wenn es von dieser Welt wäre, würden meine Leute kämpfen, damit ich den Juden nicht ausgeliefert würde. Aber mein Königtum ist nicht von hier. Pilatus sagte zu ihm: Also bist du doch ein König? Jesus antwortete: Du sagst es, ich bin ein König. Ich bin dazu geboren und dazu in die Welt gekommen, dass ich für die Wahrheit Zeugnis ablege. Jeder, der aus der Wahrheit ist, hört auf meine Stimme.
Joh 18,36 f.

Jesus sah sich also als *König der Juden,* auch wenn das für ihn keine politische Bezeichnung war. Ähnlich verhält es sich mit den anderen biblisch überlieferten Jesusbezeichnungen wie *Menschensohn* oder *Sohn Gottes.* Viele Theologen halten es aber für unwahrscheinlich, dass sich Jesus so nannte (z. B. Kügler, Sp. 690). In der Tat ist es historisch kaum denkbar, dass Jesus sich selbst als das einzige Kind Gottes oder gar als Gott verkündete. Vielmehr dürfte Jesus alle Menschen als Kinder Gottes gesehen haben, denn Gott wurde von ihm liebevoll *Abba* („Väterchen", „Papa": Mk 14,36) gerufen, der die Menschen fürsorglich behütet und immer für sie da ist.

Der möglicherweise ausschlaggebende Grund für die Hinrichtung Jesu war die sogenannte *Tempelreinigung.* Das älteste Evangelium (Markus) datiert dieses Ereignis nach dem glorreichen Einzug in Jerusalem und damit in die letzte Lebenswoche Jesu:

Dann kamen sie nach Jerusalem. Jesus ging in den Tempel und begann, die Händler und Käufer aus dem Tempel hinauszutreiben; er stieß die Tische der Geldwechsler und die Stände der Taubenhändler um und ließ nicht zu, dass jemand irgendetwas durch den Tempelbezirk trug. Er belehrte sie und sagte: Heißt es nicht in der Schrift: Mein Haus soll ein Haus des Gebetes für alle Völker sein? Ihr aber habt daraus eine Räuberhöhle gemacht. Die Hohenpriester und die Schriftgelehrten hörten davon und suchten nach einer Möglichkeit, ihn umzubringen. Denn sie fürchteten ihn, weil alle Leute von seiner Lehre sehr beeindruckt waren. Als es Abend wurde, verließ Jesus mit seinen Jüngern die Stadt.
Mk 11,15–19

Laut Toravorschrift mussten alle im Tempel geopferten Tiere makellos sein. Im Tempel hielten sich Händler auf, die den Pilgern solche Tiere verkauften. Auch waren dort Geldwechsler, die heidnisches Geld in Münzen ohne Herrscherportraits und ohne Götterabbildungen umwechselten. Diese Händler und Wechsler standen im sogenannten Vorhof der Heiden, also dem äußersten Bereich des Tempels, den auch Nichtjuden betreten durften. Jesus schlug in diesem Bereich wohl einen ziemlichen Radau. Laut Überlieferung des Johannesevangeliums machte er sogar aus Stricken eine Geißel und vertrieb damit die Verkäufer (Joh 2,15). Nachdem Jesus von vielen Menschen begleitet wurde, kann davon ausgegangen werden, dass seine Anhänger diesem Treiben nicht tatenlos zusahen. Wahrscheinlich befürworteten sie die Aktion Jesu und vertrieben ihrerseits ebenfalls die Händler, auch wenn in der Bibel davon nichts überliefert ist.

Viele Theologen sehen in der Tempelreinigung den auslösenden Grund, warum Jesus wenige Tage später hingerichtet wurde. Es gilt als sehr wahrscheinlich, dass sowohl die römische Besatzungsmacht als auch die Führung der Juden daran interessiert waren, Jesus umzubringen: Für die Römer war Jesus ein Aufständischer, der das Volk aufwiegelte. Vor allem bei einem so großen Fest wie Pessach, wo wahrscheinlich über einhunderttausend Juden zusammengekommen waren (Bösen, S. 96), musste jeder Tumult im Keim erstickt werden, um einen großen Judenaufstand zu verhindern. Pontius Pilatus, der eigens von seinem Regierungssitz in Caesarea nach Jerusalem gereist war, um für Ordnung zu sorgen, ließ mit Sicherheit ohne Zögern alle Aufwiegler des Volkes hinrichten.

Die Führungsschicht der Juden sah in der Tempelreinigung möglicherweise einen Autoritätsangriff. Vielleicht hatte man Angst, dass Jesus eine größere Kultänderung bewirken wollte, oder es war einfach eine Frage des Geldes: Immerhin brachten die Händler viele Einnahmen, die im Falle einer bleibenden Vertreibung weggefallen wären. Es ist zwar anzunehmen, dass die Händler und Geldwechsler bald nach dem Tumult wieder ihren Geschäften nachgingen, aber die Unsicherheit, wie das Volk, das viel Geld im Tempel lies, längerfristig zu dieser Frage stehen würde, mag mit ein Grund gewesen sein, dem Aufwiegler Jesus den Tod zu wünschen.

In die Zeit zwischen dem Einzug in Jerusalem und der Hinrichtung fällt auch eine Begebenheit, bei der die Pharisäer Jesus fragten, ob es erlaubt sei, dem Kaiser Steuern zu zahlen. Wahrscheinlich war dies eine Fangfrage seiner Feinde, um von ihm eine anklagenswerte Aussage zu bekommen. Jesu Antwort war – wie auch in anderen Fällen – sehr gewitzt, und er schaffte es, nicht in die Falle zu tappen, sondern im Gegenteil, die Fragenden bloßzustellen:

> *Er aber durchschaute ihre Heuchelei und sagte zu ihnen: Warum stellt ihr mir eine Falle? Bringt mir einen Denar, ich will ihn sehen. Man brachte ihm einen. Da fragte er sie: Wessen Bild und Aufschrift ist das? Sie antworteten ihm: Des Kaisers. Da sagte Jesus zu ihnen: So gebt dem Kaiser, was dem Kaiser gehört, und Gott, was Gott gehört! Und sie waren sehr erstaunt über ihn.*
> Mk 12,15–17

Vor dem großen Fest suchten die Hohenpriester und die Schriftgelehrten nach einer Gelegenheit, Jesus umzubringen:

> *Es war zwei Tage vor dem Pascha und dem Fest der Ungesäuerten Brote. Die Hohenpriester und die Schriftgelehrten suchten nach einer Möglichkeit, Jesus mit List in ihre Gewalt zu bringen, um ihn zu töten. Sie sagten aber: Ja nicht am Fest, damit es im Volk keinen Aufruhr gibt.*
> Mk 14,1 f.

Die Hohenpriester konnten *Judas Iskariot*, einen der zwölf Apostel und damit einen der engsten Vertrauten Jesu, dazu bringen, diesen auszuliefern. Sie boten ihm dreißig Silberstücke, damit er eine Gelegenheit schaffe, Jesus abseits der Massen gefangen zu nehmen. Fortan war Judas nach biblischem Bericht auf der Suche nach dem rechten Zeitpunkt, Jesus zu verraten.

Das *letzte gemeinsame Mahl* Jesu mit seinen Jüngern war am Tag vor dem Rüsttag, also nach unserem Zeitverständnis am Donnerstag. Nachdem der Freitag bei den Juden bereits gegen 18 Uhr des Vorabends (Donnerstag, 18 Uhr) begann, war dieses *letzte Abendmahl*, wie es heute genannt wird, bereits am Tag seiner Verurteilung und Hinrichtung. Am wahrscheinlichsten ist, „dass

Jesus am Freitag, dem 14. Nisan, dem Rüsttag zum Paschafest, des Jahres 30 n. Chr. starb" (Bösen, S. 87). Dieser 14. Nisan war der 7. 4. 30.

Bei diesem letzten Essen Jesu mit seinen Jüngern gab es mehrere besondere Ereignisse. So wusch Jesus zu Beginn des Mahls seinen Jüngern die Füße:

> *Jesus, der wusste, dass ihm der Vater alles in die Hand gegeben hatte, und dass er von Gott gekommen war und zu Gott zurückkehrte, stand vom Mahl auf, legte sein Gewand ab und umgürtete sich mit einem Leinentuch. Dann goss er Wasser in eine Schüssel und begann, den Jüngern die Füße zu waschen und mit dem Leinentuch abzutrocknen, mit dem er umgürtet war.*
> Joh 13,3–5

Diese Begebenheit war deshalb so bedeutsam, weil in damaliger Zeit das Waschen von Füßen anderer Leute eine Sklavenarbeit darstellte. Mit dieser Geste dürfte Jesus seine Lehre symbolisch zusammengefasst bzw. dargestellt haben. So erklärte er es auch seinen Jüngern:

> *Begreift ihr, was ich an euch getan habe? Ihr sagt zu mir Meister und Herr und ihr nennt mich mit Recht so; denn ich bin es. Wenn nun ich, der Herr und Meister, euch die Füße gewaschen habe, dann müsst auch ihr einander die Füße waschen. Ich habe euch ein Beispiel gegeben, damit auch ihr so handelt, wie ich an euch gehandelt habe. Amen, amen, ich sage euch: Der Sklave ist nicht größer als sein Herr und der Abgesandte ist nicht größer als der, der ihn gesandt hat.*
> Joh 13,12–16

Neben der Fußwaschung waren die *Einsetzungsworte* Jesu ein zentrales Ereignis dieses Mahles. Paulus beschrieb diese Jesusworte folgendermaßen:

> *Jesus, der Herr, nahm in der Nacht, in der er ausgeliefert wurde, Brot, sprach das Dankgebet, brach das Brot und sagte: Das ist mein Leib für euch. Tut dies zu meinem Gedächtnis! Ebenso nahm er nach dem Mahl den Kelch und sprach: Dieser Kelch ist der*

Neue Bund in meinem Blut. Tut dies, sooft ihr daraus trinkt, zu meinem Gedächtnis! Denn sooft ihr von diesem Brot esst und aus dem Kelch trinkt, verkündet ihr den Tod des Herrn, bis er kommt.
1 Kor 11,23–26

Die Einsetzungsworte Jesu bilden bis heute den Kern des christlichen Gottesdienstes, in dem zumeist in symbolischer Form Brot gegessen und Wein getrunken wird. Jesus schien gewusst zu haben, dass es sich um sein letztes Mahl mit seinen Freunden handelte. Aus den Berichten klingt ein wenig von der Tragik dieses Ereignisses durch: Zum einen die Jünger, die sich wenige Tage nach dem glanzvollen Einzug in Jerusalem am Höhepunkt der Bewegung sahen, und auf der anderen Seite Jesus, der erahnte, welch große Leiden die nächsten Stunden für ihn und auch für seine Anhänger bringen würden.

Nach dem Mahl gingen Jesus und die Jünger in den *Garten Getsemani* am Fuße des Ölbergs. Dort betete Jesus wartend auf seine Ankläger. Diese kamen zusammen mit Judas, der Jesus durch einen Kuss verriet. Einige der Jünger Jesu versuchten noch, ihn mit Waffengewalt zu verteidigen, aber dieses Unterfangen scheiterte. Wahrscheinlich zeigte Jesus bei seiner Gefangennahme keine Gegenwehr. Am Ende dieses Berichtes erzählt die Bibel von der Flucht der Jünger:

Da verließen ihn alle Jünger und flohen.
Mt 26,56

Das Verhör betreffend gibt es mehrere unterschiedliche Schilderungen. Laut biblischer Überlieferung wurde Jesus sowohl von *Pontius Pilatus*, als auch vom *Tetrarchen Herodes* sowie vom *Hohepriester* und vom *Synedrium* verhört. In welcher Sprache der aramäisch sprechende Jesus mit dem griechisch sprechenden Pontius Pilatus gesprochen haben soll, ist heute ebenso unklar, wie die Frage, ob es dieses Verhör überhaupt gab. Wenn man bedenkt, mit welch brutaler Härte der römische Statthalter sonst vorging, kann man sich kaum vorstellen, dass er gerade bei Jesus weichherzig wurde und ernsthaft an eine Freilassung dachte. Tatsache ist jedenfalls, dass man Jesus verspottete, seiner Kleider beraubte und anschließend mittels einer mit Nägel besetzten

Peitsche mit 39 Hieben gegeißelte, ehe er seinen letzten Weg antrat. Ein Schild, welches man Jesus vermutlich beim Gang zur Kreuzigungsstätte um seinen Hals hängte, ehe es bei der Hinrichtung gut sichtbar am Kreuz angebracht wurde, gab den Grund für die Kreuzigung an. Die Inschrift zählte „im Aramäischen, der Volkssprache, nur zwei Worte: MALKA DIHUDAJE" (Bösen, S. 262). Übersetzt heißt das:

> *Und eine Aufschrift (auf einer Tafel) gab seine Schuld an: Der König der Juden.*
> Mk 15,26

Um die Mittagsstunde des Freitags wurde Jesus auf der sogenannten *Schädelhöhe*, die das Volk *Golgota* nannte, zusammen mit zwei Verbrechern ans Kreuz geschlagen. Zuvor musste er noch den Weg vom Herodespalast zum Kreuzigungsort zurücklegen. Üblicherweise wurden die Delinquenten gezwungen, den Querbalken ihres Kreuzes nicht über Seitengassen, sondern an belebten Strassen zur Hinrichtungsstätte zu tragen. Dieses grausige Treiben sollte möglichst viele Menschen davon abschrecken, gegen das römische Regime zu rebellieren. So kann davon ausgegangen werden, dass Jesus eine Wegstrecke von ca. einem Kilometer vorbei an über 10.000 Menschen gehen musste, ehe er Golgota erreichte.

Die Kreuzigung war eine bei den Römern beliebte Hinrichtungsform. Nach einem Aufstand im Jahr 71 v. Chr. wurden beispielsweise in Rom an einem Tag rund 6.000 Sklaven gekreuzigt. In der römischen Kaiserzeit war die Kreuzigung hauptsächlich eine Strafe für Nichtrömer. Die Verurteilten wurden an einen Querbalken gebunden oder genagelt und dieser wiederum wurde an einem fest im Boden verankerten Längsbalken angebracht. Je nach Ausführung der Hinrichtung erstickten die Opfer, verbluteten oder verdursteten, wobei der Todeskampf üblicherweise mehrere Tage dauerte. Jesus schien durch die vorhergehenden Folterungen schon so geschwächt gewesen zu sein, dass er bereits nach drei Stunden am Kreuz gegen 15 Uhr starb.

Die Anhänger Jesu versteckten sich während dieser Stunden und von Petrus wurde sogar berichtet, dass er dreimal leugnete, Jesus zu kennen. Unter dem Kreuz anwesend waren schließlich nur die Mutter Jesu, Maria Magdalena, einige andere Frauen sowie der Apostel Johannes.

Die letzten Worte Jesu sind in mehrfacher Form überliefert. Das älteste Evangelium beschreibt diese Worte sowie den Tod Jesu folgendermaßen:

> *Und in der neunten Stunde rief Jesus mit lauter Stimme: Eloï, Eloï, lema sabachtani?, das heißt übersetzt: Mein Gott, mein Gott, warum hast du mich verlassen? Einige von denen, die dabeistanden und es hörten, sagten: Hört, er ruft nach Elija! Einer lief hin, tauchte einen Schwamm in Essig, steckte ihn auf einen Stock und gab Jesus zu trinken. Dabei sagte er: Lasst uns doch sehen, ob Elija kommt und ihn herabnimmt. Jesus aber schrie laut auf. Dann hauchte er den Geist aus.*
> Mk 15,34–37

Nach dem Tod: Grablegung, Grabesruhe und Auferstehung

Normalerweise blieb nach dem Tod „die Leiche des Hingerichteten so lange am Kreuz hängen, bis sie verwest oder von Raubtieren aufgefressen" wurde (Bösen, S. 326). Jesus nahm man jedoch einerseits auf Bitten eines gewissen *Josef von Arimatäa* und andererseits wegen des bevorstehenden hohen Feiertags noch am Freitag vom Kreuz und legte ihn unweit vom Hinrichtungsort in ein Grab. Nach damaliger Sitte handelte es sich um ein Felsengrab, vor das ein großer Stein gerollt wurde.

Was nach der Grabeslegung Jesu geschah, ist für Christen der Urgrund ihres Glaubens. Die biblischen Berichte schildern, wie das Grab von Soldaten bewacht wurde: Am Sonntag gingen Maria Magdalena und andere Frauen zum Grab, um Jesus zu salben:

> *Sie* [sc. die Frauen] *sagten zueinander: Wer könnte uns den Stein vom Eingang des Grabes wegwälzen? Doch als sie hinblickten, sahen sie, dass der Stein schon weggewälzt war; er war sehr groß. Sie gingen in das Grab hinein und sahen auf der rechten Seite einen jungen Mann sitzen, der mit einem weißen Gewand bekleidet war; da erschraken sie sehr. Er aber sagte zu ihnen: Erschreckt nicht! Ihr sucht Jesus von Nazaret, den Gekreuzigten. Er ist auferstanden; er ist nicht hier. Seht, da ist die Stelle, wo*

man ihn hingelegt hatte. Nun aber geht und sagt seinen Jüngern,
vor allem Petrus: Er geht euch voraus nach Galiläa; dort werdet
ihr ihn sehen, wie er es euch gesagt hat. Da verließen sie das Grab
und flohen; denn Schrecken und Entsetzen hatte sie gepackt. Und
sie sagten niemand etwas davon; denn sie fürchteten sich.
Mk 16,3–8

Die anderen drei Evangelien schildern diese Begebenheit viel aus-
führlicher. In den folgenden Tagen soll Jesus seinen Anhängern
noch mehrfach erschienen sein und der Apostel Thomas hätte
als Beweis, dass es wirklich Jesus war, seine Hände in dessen
Wunden gelegt. Schließlich soll Jesus in den Himmel aufgefahren
sein, und die Christen glauben, dass er am Ende der Tage wieder
auf die Erde herabkommen wird:

Als er das gesagt hatte, wurde er vor ihren Augen emporgehoben,
und eine Wolke nahm ihn auf und entzog ihn ihren Blicken. Wäh-
rend sie unverwandt ihm nach zum Himmel emporschauten,
standen plötzlich zwei Männer in weißen Gewändern bei ihnen
und sagten: Ihr Männer von Galiläa, was steht ihr da und schaut
zum Himmel empor? Dieser Jesus, der von euch ging und in den
Himmel aufgenommen wurde, wird ebenso wiederkommen, wie
ihr ihn habt zum Himmel hingehen sehen.
Apg 1,9–11

Die Lehre des Jesus

Jesus gründete keine eigene Religion, sondern war Zeit seines
Lebens ein Jude und starb auch als Jude am Kreuz. Aus diesem
Grund war auch seine Lehre die eines jüdischen Rabbis.

Das Judentum hatte zur Zeit Jesu ein großes Maß an starren
rituellen Formen, Vorschriften und Geboten entwickelt. Nachdem durch diese Ritualisierung mitunter der eigentliche Sinn der
Gebote verloren gegangen war, hatte Jesus den Ursprung dieser
religiösen wie auch sittlichen Vorschriften hinterfragt. Für manche Zeitgenossen war seine Lebensweise zu leger, beispielsweise
wenn er ihrer Meinung nach zu wenig auf die exakte Einhaltung
der Sabbatgebote pochte. Für andere wiederum war er zu radikal,

etwa dort, wo er, wie oben beschrieben, die Händler aus dem Tempel vertrieb. Das Fundament seiner Lehre und das seiner Meinung nach wichtigste Gebot war für Jesus die Liebe zu Gott und zu den Menschen:

Einer von ihnen, ein Gesetzeslehrer, wollte ihn auf die Probe stellen und fragte ihn: Meister, welches Gebot im Gesetz ist das wichtigste? Er antwortete ihm: Du sollst den Herrn, deinen Gott, lieben mit ganzem Herzen, mit ganzer Seele und mit all deinen Gedanken. Das ist das wichtigste und erste Gebot. Ebenso wichtig ist das zweite: Du sollst deinen Nächsten lieben wie dich selbst. An diesen beiden Geboten hängt das ganze Gesetz samt den Propheten.
Mt 22,35–40

Bei der Frage, wer der Nächste sei, hatte Jesus eine viel barmherzigere Haltung als viele seiner Zeitgenossen. In den Seligpreisungen (Mt 5,3–12) sprach er den Armen, den Hungernden, den Weinenden usw. Mut und Hoffnung zu, denn diese waren für ihn die erste Adresse für die Liebe Gottes und für die Zuwendung der Menschen. Auch lehrte Jesus, nicht nur die zu lieben und nicht nur denen Gutes zu tun, denen man ohnehin Sympathie entgegen bringt:

Ihr habt gehört, dass gesagt worden ist: Du sollst deinen Nächsten lieben und deinen Feind hassen. Ich aber sage euch: Liebt eure Feinde und betet für die, die euch verfolgen, damit ihr Söhne eures Vaters im Himmel werdet; denn er lässt seine Sonne aufgehen über Bösen und Guten, und er lässt regnen über Gerechte und Ungerechte. Wenn ihr nämlich nur die liebt, die euch lieben, welchen Lohn könnt ihr dafür erwarten? Tun das nicht auch die Zöllner? Und wenn ihr nur eure Brüder grüßt, was tut ihr damit Besonderes? Tun das nicht auch die Heiden? Ihr sollt also vollkommen sein, wie es auch euer himmlischer Vater ist.
Mt 5,43–48

Für Jesus waren alle Menschen Kinder Gottes. So hatte er häufig Kontakt zu jenen, die von der Gesellschaft mit dem Verweis auf die Gebote und Gesetze Gottes ausgestoßen wurden. Jesus war nicht gegen das mosaische Gesetz – im Gegenteil: Er suchte nach dem tieferen Grund, warum diese Gebote und Vorschriften aufgestellt worden waren. Seine Antwort war, dass diese den Menschen helfen sollten, ein befreites Leben zu führen. Das galt und gilt für die Sabbatgebote ebenso wie für alle anderen Vorschriften:

> *Der Sabbat ist für den Menschen da, nicht der Mensch für den Sabbat.*
> Mk 2,27

Jesus lehrte die Menschen, aufrichtig und nicht halbherzig zu handeln: Man soll nicht sinnlos schwören, der Ehebruch beginnt für ihn nicht erst beim Geschlechtsakt, sondern bereits beim ersten lüsternen Blick; man soll nicht über andere richten usw. Dort jedoch, wo Jesus der Meinung war, das Gesetz wäre zu hart oder würde die Menschen unfrei machen, versuchte er, menschlichere Akzente zu setzen:

> *Ihr habt gehört, dass gesagt worden ist: Auge für Auge und Zahn für Zahn. Ich aber sage euch: Leistet dem, der euch etwas Böses antut, keinen Widerstand, sondern wenn dich einer auf die rechte Wange schlägt, dann halt ihm auch die andere hin. Und wenn dich einer vor Gericht bringen will, um dir das Hemd wegzunehmen, dann lass ihm auch den Mantel. Und wenn dich einer zwingen will, eine Meile mit ihm zu gehen, dann geh zwei mit ihm. Wer dich bittet, dem gib, und wer von dir borgen will, den weise nicht ab.*
> Mt 5,38–42

Das mosaische Gesetz duldete im Gegensatz zur vormosaischen Zeit keine hemmungslose Blutrache, sondern erlaubte nur eine geregelte Widervergeltung: *Auge um Auge, Zahn um Zahn.* Diese Möglichkeit war objektiv gesehen zwar „gerecht", doch Feindschaften wurden damit keine beseitigt. Jesus lehnte mit seinem Gebot der Feindesliebe diese Möglichkeit des Rachenehmens ab und zeigte einen neuen Weg auf, wie die Spirale der Gewalt durchbrochen werden kann. So hatte das Beispiel mit der einen und der zweiten Meile folgenden historischen Hintergrund: Römische Soldaten hatten das Recht, einen Juden zu zwingen, eine Meile lang sein Gepäck zu tragen. Die Wege waren in der Regel durch Meilensteine gut markiert. So ließen die Juden, die zu dieser Sklaventätigkeit gezwungen wurden, üblicherweise nach einer Meile die Gepäckstücke fallen und rannten aus Ärger über die aufgezwungene Tätigkeit zornig und in Feindschaft vom Römer weg. Der Vorschlag bzw. das Gebot Jesu war demgegenüber genau gegenteilig. Jesus meinte: ‚Wenn ihr gezwungen werdet, eine Meile zu gehen, dann geht freiwillig eine zweite Meile mit dem Römer. Der Soldat wird sich wundern und euch fragen, was der Grund für die freiwillige Mehrleistung ist. So werdet ihr ins Gespräch kommen und am Ende der zweiten Meile könnt ihr sogar Freunde sein.' Die Lehre Jesu kann in diesem Punkt also fast als Weiterentwicklung jener Gebote verstanden werden, die mehr als tausend Jahre davor in nomadischer Zeit unter Mose als verbindliche Richtschnur für die Juden formuliert wurden.

Die Summe aller göttlichen Gesetze und die letzte Richtschnur für jedwede Handlung lagen für Jesus darin, nur das zu tun, was man auch von anderen erwarten würde. Mit diesem Satz, den bereits vor ihm Sokrates, Konfuzius und andere ähnlich formuliert haben, reiht sich Jesus ein in die Liste der großen Humanisten der Weltgeschichte:

Alles, was ihr also von anderen erwartet, das tut auch ihnen!
Darin besteht das Gesetz und die Propheten.
Mt 7,12

Die Verkündigung dieser ethischen Handlungsrichtlinien stand vor allem im Kontext zur *Reich-Gottes*-Lehre, die quasi das Zentrum seiner Botschaft darstellte.

Kehrt um! Denn das Himmelreich ist nahe!
Mt 4,17

Diese Worte vom Himmelreich Gottes, von der Herrschaft Gottes bzw. vom Reich Gottes bilden einen weiteren Kern der Botschaft Jesu. Das Himmelreich ist für Jesus ganz nahe und kann unabhängig von einer politischen Besatzungsmacht oder widrigen äußeren Umständen verwirklicht werden. Wer entsprechend der Grundintention der Tora lebt, für den ist das Himmelreich ganz nahe. Das Reich Gottes ist der endgültige Sieg des Guten über das Böse und beginnt nicht erst in der Zukunft, sondern ist gegenwärtig, auch wenn das viele Menschen nicht sehen können:

Als Jesus von den Pharisäern gefragt wurde, wann das Reich Gottes komme, antwortete er: Das Reich Gottes kommt nicht so, dass man es an äußeren Zeichen erkennen könnte. Man kann auch nicht sagen: Seht, hier ist es!, oder: Dort ist es! Denn: Das Reich Gottes ist (schon) mitten unter euch.
Lk, 17,20 f

Schließlich ist hier noch das *Vaterunser* zu nennen. Es handelt sich um das einzige Gebet, welches Jesus laut biblischer Überlieferung seine Jünger gelehrt hat:

So sollt ihr beten:
Unser Vater im Himmel, / dein Name werde geheiligt,
dein Reich komme, / dein Wille geschehe / wie im Himmel, so auf der Erde.
Gib uns heute das Brot, das wir brauchen.
Und erlass uns unsere Schulden, / wie auch wir sie unseren Schuldnern erlassen haben.
Und führe uns nicht in Versuchung, / sondern rette uns vor dem Bösen.
Denn wenn ihr den Menschen ihre Verfehlungen vergebt, dann wird euer himmlischer Vater auch euch vergeben.
Wenn ihr aber den Menschen nicht vergebt, dann wird euch euer Vater eure Verfehlungen auch nicht vergeben.
Mt 6,9–15

Die Entwicklung des Christentums nach Jesus bis heute

Nach der Kreuzigung hatten die Apostel Angst, ebenso wie Jesus als Volksaufwiegler hingerichtet zu werden. So hielten sie sich einige Zeit im Untergrund auf. Irgendwann geschah jedoch etwas, das in der Bibel als Geistsendung beschrieben wird und das die Christen bis heute zu *Pfingsten* als großes Fest feiern: Trotz der großen Gefahr, wie Jesus gekreuzigt zu werden, gingen die Apostel zu den Menschen, um die Lehre Jesu öffentlich zu verkünden. Es kann heute nicht mehr gesagt werden, was der Grund für diesen Gesinnungswandel war. Es muss aber ein besonderes Ereignis gewesen sein, denn wer jemals eine Kreuzigung miterlebt hatte, musste panische Angst davor haben, selbst auf diese Weise getötet zu werden. Es gibt zahlreiche Überlieferungen über die Furchtlosigkeit, mit der die Jünger Jesu fortan agierten und den neuen Glauben verkündeten. Schließlich wurden fast alle Apostel und viele weitere Anhänger in unterschiedlichen Teilen des Römischen Reiches zum Teil sehr grausam hingerichtet.

Neben dem Wirken derer, die Jesus persönlich gekannt hatten, war es vor allem der ehemalige Christenverfolger *Paulus*, der zur Ausbreitung des christlichen Glaubens beitrug. Von ihm sind mehrere Missionsreisen bekannt und er gründete viele christliche Gemeinden, vorwiegend im Gebiet der heutigen Türkei und des heutigen Griechenland. Als Gefangener kam Paulus bis nach Rom, wo er auch gestorben sein soll. Ihm ist es zu verdanken, dass Menschen, die sich zum Christentum bekehren wollten, nicht vorher den jüdischen Glauben annehmen mussten (Apg 15). Das war eine entscheidende Voraussetzung für die rasche Ausbreitung dieser neuen Religion im Römischen Reich.

Spätestens seit dem Jahre 64, als *Kaiser Nero* auf der Suche nach Schuldigen für den Brand Roms war, mussten die Christen schwere Repressalien erleiden. Trotz mehrerer blutiger Perioden der *Christenverfolgung* breitete sich der christliche Glaube rasch aus. Die Hinwendung *Kaiser Konstantins* zum Christentum ermöglichte es den Christen erstmals, ihren Glauben frei auszuüben. So wurde das Christentum durch das *Toleranzedikt von Mailand* im Jahre *313* eine staatlich genehmigte Religion und unter *Kaiser Theodosius* im Jahre *380 Staatsreligion*.

Das Christentum war nie eine homogene Religionsgemeinschaft. Entsprechend der Unterteilung in das West- und das Oströmische Reich bildeten sich im Kern zwei große christliche Strömungen: aus der weströmischen Kirche die heutige römisch-katholische Kirche, die bis heute von einem *Papst* geführt wird; aus den oströmischen Kirchen die heutigen orthodoxen Kirchen, die von jeher in mehrere Patriarchate unterteilt sind.

Im Jahre *1054* bzw. während des vierten Kreuzzugs im Jahre *1204* kam es zur sich abzeichnenden Spaltung dieser beiden christlichen Kirchen (bzw. Kirchengruppen). Auch wenn das Schisma 1965 durch den römisch-katholischen Papst Paul VI. und den orthodoxen Patriarch Athenagoras I. aufgehoben wurde, gibt es immer noch große Unterschiede zwischen der Ost- und der Westkirche.

Das Bestreben des katholischen Priesters *Martin Luther,* die kirchliche Ablasspraxis zu verändern, führte im 16. Jh. zur großen Kirchenspaltung in Europa. In dieser Zeit entstanden zahlreiche kirchliche Reformbewegungen, die heute noch den Kern der Gruppe der *protestantischen Christen* bilden.

Das Christentum ist hauptsächlich in Nord- und Südamerika, in Europa, dem Süden Afrikas, in Australien und im nördlichen Teil Asiens verbreitet.

MUHAMMAD

Muhammad Abu al-Qasim ibn ,Abdallah ibn ,Abd-al-Muttalib kurz *Muhammad* (arab. „der Gepriesene") ist der große Prophet und Verkünder des Islam und lebte im 6./7. nachchristlichen Jh. im heutigen Saudi Arabien (Geburt in Mekka um 570; gestorben in Medina am 8. Juni 632). Nach muslimischer Vorstellung war Muhammad jedoch kein Religionsstifter, sondern Gott selbst hat die Religion des Islam gestiftet. Muhammad war „nur" der Gesandte Gottes, dem als letzter in einer Reihe von Propheten die göttliche Offenbarung zuteil wurde. Sein Auftrag bestand in der Verkündigung dieser Offenbarung.

Muhammad war kein Wundertäter wie manche biblischen Gestalten und schon gar keine göttliche Person. Vielmehr war er ein Mensch, der vom Engel Gabriel die Botschaft Gottes empfing, die uns heute noch im *Koran*, dem heiligen Buch der Muslime, vorliegt.

Zeittafel: Muhammad und die Entwicklung des Islam

um 570	Geburt in Mekka
um 610	Erste Offenbarungen
622	Emigration von Mekka nach Medina (*Hidschra* genannt; Beginn der islamischen Zeitrechnung)
630	Rückgewinnung Mekkas
632	Tod Muhammads; Abu Bakr wird der erste Nachfolger (Kalif) des Propheten
634	Umar wird zweiter Kalif: unter ihm kommt es u. a. zur Eroberung von Damaskus und im Jahre 642 ergibt sich Jerusalem den Muslimen
644	Uthman wird dritter Kalif

656	Ali wird vierter Kalif: unter ihm kommt es zur Spaltung zwischen Sunniten und Schiiten
bis 750	Herrschaft der Dynastie der Umayyaden mit Sitz in Damaskus (weitere Ausbreitung des Islam)
750 bis 13. Jh.	Herrschaft der Dynastie der Abbasiden mit Sitz in Bagdad
11. Jh. bis 13. Jh.	Zeit der Kreuzzüge
13. Jh. bis 1923	Großreich der Türken (Osmanisches Reich). Vorstoß bis nach Wien und Belagerung der Stadt im Jahre 1529 und 1683
1945	Gründung der arabischen Liga
heute	Heute gibt es rund 40 islamische Länder (Länder, in denen mehr als 50 Prozent der Bevölkerung Muslime sind) und weltweit leben rund 1,6 Milliarden Muslime. Damit ist der Islam nach dem Christentum die zweitgrößte Weltreligion

Wichtige islamische Begriffe erklärt

Allah	(Al-ilah): „Der Gott": Der an der Kaaba verehrte Gott; arabischer Name für Gott.
Dschihad	Kämpfen bzw. sich Abmühen für die Sache Gottes bzw. für die Gemeinschaft der Muslime. Kann sowohl ein sich Abmühen in kleinen Dingen des Lebens sein als auch das Abmühen in kriegerischen Auseinandersetzungen („Heiliger Krieg").
Imam	a) Leiter des Gemeinschaftsgebets; b) Oberhaupt der muslimischen Gemeinschaft bei den Schiiten.
Islam	Weltreligion; wörtlich: Hingabe an Gott.
Koran	Aus 114 Suren bestehendes „Heiliges Buch der Muslime". Der Koran wurde in arabischer Sprache verfasst. Das Wort Koran (arab. „Qur'an") bedeutet Vortrag, Lesung, Rezitation des heiligen Textes.

Medina	Rund 300 km nördlich von Mekka gelegene Stadt, in der Muhammad nach seiner Flucht aus Mekka lebte und wo er auch starb. In der Prophetenmoschee in Medina befindet sich auch das Grab Muhammads.
Mekka	Geburtsstadt Muhammads (Handels- und Wallfahrtszentrum, liegt im heutigen Saudi Arabien).
Muslim	Anhänger des Islam.
Muslimin	Anhängerin des Islam (auch Muslima genannt).
Umma	Gemeinschaft der Muslime (unter der Führung eines Kalifen/Imams).

Quellen

Die wichtigste Quelle für das Studium des Lebens Muhammads ist zweifelsfrei der *Koran*. Allgemein herrscht große Einigkeit darüber, dass der Koran ein authentisches Buch ist, dessen mehr als 6.000 Verse bereits zu Lebzeiten des Propheten verfasst wurden. Nach Muhammads Tod ist man sehr bald darangegangen, alle mündlichen und schriftlichen Quellen über das Leben des Propheten zusammenzutragen. So wurde der Koran bereits 20 Jahre nach dem Tod Muhammads in die heutige Form gebracht.

Bei der Verwendung des Korans als Informationsquelle für die Vita des Propheten gibt es drei grundlegende Probleme: Zum einen ist der Koran ein *religiöses Buch* und kein Geschichtswerk, in dessen Zentrum die Biografie Muhammads steht. So erfährt man bei der Lektüre zwar einiges über das Leben und die Lebensumstände des Propheten. Diese Aussagen sind aber weder vollständig noch primäre Intention des Textes. Vielmehr müssen Aussagen über den Propheten aus den religiösen Aussagen „herausgeschält" werden. Trotzdem sind Koranverse, die biografische Aussagen über den Propheten geben, wegen ihrer Authentizität von allerhöchster Bedeutung.

Das zweite Problem bei der Heranziehung des Korans als historische Quelle liegt in der aus *chronologischer Sicht* vorherrschenden Ungeordnetheit des Buches: Die einzelnen Suren sind – abgesehen von Sure 1 – annähernd ihrer Länge nach geordnet.

Nicht selten werden innerhalb einer Sure Aussagen aus unterschiedlichen Entstehungszeiten unvermittelt nebeneinander gestellt. Welche Teile welcher Epoche – die Entstehungszeit des Buches beläuft sich auf rund 20 Jahre – zuzurechnen sind, kann heute nicht bei allen Versen eindeutig festgestellt werden.

Schließlich gibt es noch eine große Differenz bei der *Deutung des Korans*. Für Religionswissenschaftler mag es vereinzelt leicht sein, aus den Textpassagen auf die Meinungen und Gebräuchlichkeiten des Propheten Rückschlüsse zu ziehen. Für Muslime ist der Koran jedoch Gottes Wort und nicht Werk eines Propheten. Alle Aussagen sind demzufolge auch Mitteilungen Gottes an die Menschen und nicht Muhammads Werk. Vielfach gilt der Koran auch als unerschaffenes Wort Gottes, d. h. Muhammad hatte nach islamischer Vorstellung „nur" die Aufgabe, dieses Wort Gottes weiterzugeben. Dass es für Muslime mitunter schwierig ist, aus dem Koran biografische Angaben über Muhammad herauszulesen, soll hier nicht unerwähnt bleiben.

Neben dem Koran gibt es noch weitere wichtige Quellen, die uns Auskunft über das Leben Muhammads geben. Recht bald nach dem Tod des Propheten entstanden Anekdoten, Erzählungen und Beschreibungen über sein Leben. Grundsätzlich wird unterschieden zwischen der *Sira* (arab. „Biografie") und den *Hadithen* (arab. „Mitteilungen"). Die Sira ist eine eigenständige literarische Gattung und befasst sich mit der Biografie des Propheten. Das bedeutendste, heute aber nicht mehr erhaltene Werk dieser Gattung stammt von Ibn Ishaq (gest. 767), wurde überarbeitet von Ibn Hisham (gest. 834) und liegt uns heute noch in der Überlieferung von at-Tabari (gest. um 923) vor. Ein weiteres, sehr bedeutendes Werk stammt von al-Waqidi (gest. 822), beschränkt sich jedoch ausschließlich auf die Geschichte der Kriegszüge. Zu erwähnen ist zudem das „Klassen- bzw. Generationenbuch" von Ibn Sa'd (gest. 845), des Sekretärs von al-Waqidi.

Neben den Biografien gibt es noch Hadithe, das sind die Anekdoten, die sich um Muhammad ranken. Diese umfangreichen Sammlungen enthalten Empfehlungen und Anweisungen, wie Muslime ihr Leben gestalten sollen. Für die Rekonstruktion der Vita des Propheten sind sie jedoch wenig ergiebig.

Die Welt, in der Muhammad lebte

„Um 600 war Arabien im Begriff, christlich zu werden" schreibt Schall (S. 316). Ob diese Einschätzung zutrifft oder ob sie nicht doch etwas optimistisch ist, kann schwer beurteilt werden. Tatsache ist, dass die arabische Halbinsel eine wichtige strategische Position als Verbindungsglied zwischen dem oströmischen Reich im Norden, Äthiopien im Süden und dem Perserreich im Osten einnahm. So gab es wichtige Karawanenstrassen quer durch die Wüste, was dem ganzen Land wirtschaftlichen Aufschwung brachte. Durch die Kaufleute kamen aber neben den Handelsgütern auch neues Gedankengut, neue Bräuche und andere religiöse Vorstellungen ins Land.

Von diesen Veränderungen war auch die knapp 80 km vom Roten Meer entfernte arabische Stadt *Mekka* betroffen. Mekka ist im Gegensatz zu vielen anderen arabischen Städten keine Oase, sondern wurde bedeutend, weil es an einem Kreuzungspunkt zweier Handelsrouten (die Nord-Süd-Handelsroute und die Nordost-Südwest Handelsstraße) lag. Viele Bewohner Mekkas wohnten erst in der ersten, zweiten oder dritten Generation in der Stadt. Dies hatte zur Folge, dass nomadische Vorstellungen noch stark verbreitet waren und teilweise mit urbanen Gepflogenheiten konkurrierten.

Neben der städtischen Bevölkerung gab es auch sehr viele Nomaden, die in der Wüste lebten. Auch an ihnen gingen die Veränderungen der Zeit nicht spurlos vorüber. Viele Nomaden zeigten ein großes wirtschaftliches Geschick und konnten große Gewinne aus den Handelsgeschäften erzielen: Entweder direkt durch Tauschhandel oder indirekt, wenn sie Karawanen begleiteten bzw. führten, oder wenn sie als Vermittler zwischen den fremden Händlern und den Einheimischen fungierten.

Diese Zeit des wirtschaftlichen Umbruchs war auch eine Zeit des Wertewandels und in mancher Hinsicht auch des Werteverfalls. Dazu gab es in religiöser Hinsicht im Land immer weniger Homogenität und monotheistische Glaubensvorstellungen nahmen zu:

Juden sind bereits seit dem 1. Jh. n. Chr. in Arabien nachweisbar. Im Anschluss an die Eroberung Jerusalems 70 n. Chr. und vor allem nach der Niederschlagung des Bar Kochba Aufstands 135 n. Chr. kamen geschlossene Gruppen aus Palästina nach Arabien. Es gab eine Reihe von Siedlungen mit jüdischer Bevölkerungsmehrheit. Auch in Medina bekannte sich vor der Vertreibung durch Muhammad rund die Hälfte der Bevölkerung zum jüdischen Glauben.

Christen: Arabien war zur Zeit von Muhammads Auftreten zwar kein christliches Land, wohl aber gab es in den benachbarten Ländern und Gebieten zahlreiche christliche Gemeinden: z. B. in Byzanz, Syrien, Palästina, Ägypten, Abessinien (Äthiopien), Südarabien usw. Mancherorts war das Christentum auch Staatsreligion. In Mekka und Medina selbst lebten nur wenige Christen und diejenigen, die dort anzutreffen waren, dürften teilweise sektiererischen Gruppierungen angehört haben. Nur so ist zu erklären, warum Muhammad der Meinung war, die christliche Trinitätslehre beziehe sich statt auf Gott Vater, Jesus und den Heiligen Geist auf Gott Vater, Jesus und Maria, wie im Koran in Sure 5, 116 nachzulesen ist:

> *Und (damals) als Gott sagte: ,Jesus, Sohn der Maria! Hast du (etwa) zu den Leuten gesagt: ,Nehmt euch außer Gott mich und meine Mutter zu Göttern'?'* ...
> Sure 5, 116

Neben den monotheistischen Glaubensvorstellungen des Judentums und des Christentums und den in seiner genauen Verbreitung umstrittenen Einflüssen des *Manichäismus* gab es in der näheren Umgebung von Mekka verschiedene *Kultstätten für arabische Götter, Göttinnen und Heilige*. Darüber hinaus verehrten um das Jahr 600 einige Araber einen Hochgott Namens *Allah*. Dieser wurde als Schöpfer der Welt und Herr über Regen und Sturm gesehen und von manchen fast monotheistisch verehrt. Das Fundament dieser Verehrung dürfte von den Juden, Christen und Manichäern gelegt worden sein, in dem sie das monotheistische Gedankengut ins Land gebracht hatten.

Schließlich gab es in der Stadt Mekka noch ein bekanntes Wallfahrtsheiligtum, nämlich die *Kaaba*. Die Kaaba war und ist ein würfelförmiges Gebäude, an dem an einer Ecke ein schwarzer Meteorstein in einer silbernen Fassung eingemauert ist. Dieser wurde und wird von den Pilgern umrundet, berührt und geküsst. Daneben gab es um das Jahr 600 in der Kaaba mehr als 360 Götter- und Heiligenbilder. Nachdem Araber aus dem ganzen Land dorthin pilgerten, war auf den heiligen Plätzen an vier Monaten im Jahr jedwede Kampfhandlung verboten. Das förderte nicht nur den Pilgerandrang, sondern diente wiederum dem Abschluss von Handelsgeschäften.

Nach der Eroberung Mekkas durch Muhammad entfernte der Prophet die Fetische der Lokalgottheiten und seit dieser Zeit ist die Kaaba allein der Verehrung Allahs vorbehalten.

Zusammenfassend ist hier zu sagen: Auch wenn wir über die Glaubensvorstellungen der vorislamischen Araber nur mangelhaft unterrichtet sind (Paret, S. 17), hat sich die arabische Halbinsel schon vor den Visionen Muhammads in einer Zeit des religiösen Wandels befunden. Die Verehrung von lokalen Göttern stand in Konkurrenz zu den monotheistischen Vorstellungen der etablierten Religionen und zum Hochgott Allah. Dieser Pluralismus bildete zusammen mit den sich verändernden Wertevorstellungen den Nährboden für eine neue, die arabische Halbinsel vereinigende Religion.

Das Leben des Propheten

Familie und Kindheit

Während die arabische Stadt Mekka als der Geburtsort Muhammads unbestritten und gut belegt ist, gibt es bezüglich des Geburtszeitpunktes keine gesicherten Angaben. Üblicherweise wird das Jahr 570 als Geburtsjahr angenommen und viele Muslime feiern den Geburtstag des Propheten entsprechend dem muslimischen Mondkalender am 12. Rabi' al-Awwal. Manche Islamwissenschaftler und Historiker haben den 20. April 570 unserer Zeitrechnung als genauen Geburtstag ermittelt. Eine gesicherte Datierung ist heute jedoch nicht mehr möglich.

Muhammad stammte aus dem Stamm der *Haschemiten*, der nach dem Urgroßvater des Propheten, *Haschim ibn Abd al-Manaf* benannt ist, und der auf Abraham und Ismael zurückgehen soll. Der heute bekannteste noch lebende Abkömmling der Haschemiten ist übrigens der König von Jordanien.

Die Großfamilie der Haschemiten hatte Ende des 6. Jh. eine wichtige religiöse Funktion inne: Es war ihre Aufgabe, die Pilger des großen Hadsch in Mekka mit Wasser und Nahrungsmitteln zu versorgen. Bei Muhammads Geburt hatte sein Großvater *Abd al-Muttalib* dieses ehrenvolle Amt inne. So hatte die Familie des Propheten Kontakt mit vielen Menschen unterschiedlicher Kulturen und unterschiedlicher Religionen (z. B. Juden, Christen, Zoroastrier).

Trotz des großen Ansehens der Haschemiten war die Familie des Propheten wenig wohlhabend. *Abdallah* („Diener Gottes"), der Vater Muhammads, war Kaufmann und starb noch vor der Geburt des Propheten auf einer Handelsreise in Medina. Das Kind wurde, wie in damaliger Zeit nicht unüblich, einer Amme in der Wüste anvertraut. Im Alter von rund vier Jahren kam Muhammad zu *Amina*, seiner Mutter, die zwei Jahre später ebenfalls verstarb. Dadurch wurde Muhammad Vollwaise. Ein Hinweis auf diese Zeit findet sich auch im Koran in Sure 93:

> *Dein Herr hat dir nicht den Abschied gegeben und verabscheute (dich) nicht ... Dein Herr wird dir (dereinst so reichlich) geben, dass du zufrieden sein wirst. (Doch auch schon im diesseitigen Leben hat er dir Gnade erwiesen.) Hat er dich nicht als Waise gefunden und (dir) Aufnahme gewährt ...*
> Sure 93, 3.5–6

Für die nächsten zwei Jahre übernahm *Abd al-Muttalib*, der Großvater Muhammads die Erziehungsverantwortung. Über die genaue Stellung, die Abd al-Muttalib in Mekka innehatte, gibt es unterschiedliche Angaben. Manche Quellen sehen ihn als den führenden Mann, andere „nur" als einflussreiche Person. Es gilt heute als unbestritten, dass der Großvater Muhammads eine sehr angesehene Persönlichkeit in Mekka war.

Auch Abd al-Muttalib starb alsbald, und so übernahm *Abu Talib*, der jüngere Bruder seines Vaters um das Jahr 578 die Vormundschaft. Abu Talib betreute Muhammad rund 17 Jahre und so wurde aus dem kleinen Waisenjungen ein Mann mit starkem Charakter und gutem Ruf. Als Kind musste Muhammad wie andere Kinder seines Alters die Schafe und Kamele der Familie hüten. Später erlernte er bei seinem Onkel den Beruf des

Kaufmanns. Abu Talib nahm ihn auf Handelsreisen innerhalb Arabiens und ins ferne Gaza und nach Syrien mit. Dort sammelte Muhammad viele kaufmännische Erfahrungen und lernte auch fremde Kulturen und andere religiöse Vorstellungen und Bräuche kennen.

Es gibt zahlreiche Legenden rund um die Geburt und die Kindheit Muhammads. So wird beispielsweise berichtet, wie Engel Loblieder sangen und Lichter seine Geburt anzeigten. Eine andere Erzählung berichtet Folgendes:

> *Jemand sagte zum Propheten: Gib uns Nachricht von dir selbst. Und er antwortete: ,Abraham hat mich gerufen, und der Sohn der Maria hat mir vorausgesagt, und als meine Mutter mich zur Welt brachte, ging ein Licht von mir aus, bei welchem sie die Paläste von Syrien sehen konnte. Ich wurde unter den Banū Saʿd Ibn Bakr gesäugt und während ich mit meinem (Pflege-) Bruder hinter den Zelten war und Vieh weidete, kamen zwei Männer in weißem Kleide mit einem goldenen Becken, welches mit Schnee gefüllt war. Einer von ihnen ergriff mich und schnitt mir den Leib auf, nahm das Herz heraus und spaltete es und nahm einen schwarzen Klumpen heraus. Sie warfen ihn weg, wuschen mein Inneres und mein Herz mit jenem Schnee; dann sagte einer zum ändern: Wiege ihn gegen hundert von seinem Volke. Sie wogen mich, und ich war schwerer: Dann sagte er: Wiege ihn gegen tausend. Sie wogen mich, und ich war schwerer. Da sprach er: Lass ihn gehen, wenn du hingegen sein ganzes Volk wiegst, so wird er es aufwiegen.'*

Mensching, S. 129 f.

Ehe mit Chadidscha und weitere Ehen

Obwohl der Großvater des Propheten eine sehr angesehene Person war, hat sich die wirtschaftliche Situation der Haschemiten zunehmend verschlechtert. Abu Talibs Geschäfte liefen nicht besonders gut, aber Muhammad zeigte großes Geschick beim Handeln und bei kaufmännischen Angelegenheiten. Aus diesem Grund nahm ihn die damals 40jährige verwitwete Geschäftsfrau *Chadidscha* in ihre Dienste. Muhammad verrichtete gute Arbeit und so bot ihm Chadidscha die Heirat an. Diese Verbindung brachte Muhammad wirtschaftliche Unabhängigkeit, war er doch zuvor relativ mittellos: Einer arabischen Sitte zufolge waren nämlich nur volljährige Männer und Frauen erbberechtigt, Minderjährige bekamen kein Erbteil. Nachdem sowohl Muhammads Eltern als auch sein Großvater früh verstorben waren, fehlte ihm die wirtschaftliche Absicherung.

Durch die Heirat veränderte sich Muhammads Leben grundlegend. Nicht nur verfügte er plötzlich über ein solides, finanzielles Fundament. Er zeigte auch viel Fleiß und Geschick in Handelsangelegenheiten und darüber hinaus dürfte die Verbindung mit Chadidscha trotz des großen Altersunterschieds eine sehr glückliche gewesen sein. Sie schenkte ihm vier Töchter (Fatima, Ruqayya, Umm Kultum und Zaynab) und zwei (manche Quellen sprechen von drei) Söhne. Die Söhne starben in der Kindheit, und so setzte sich die Linie der Prophetenfamilie über seine Tochter Fatima fort, die Ali, den späteren vierten Kalifen der Muslime und ersten Imam der Schiiten, ehelichte.

Bis zu ihrem Tod im Jahre 619 war Chadidscha Muhammads einzige Frau und unterstützte ihn auch in schwierigen Zeiten. Nach ihrem Tod ging Muhammad mehrere politisch und sozial motivierte Ehen ein (beispielsweise heiratete er eine Witwe, deren Mann im Krieg gefallen war). Die genaue Zahl der Ehen ist nicht bekannt. Häufig wird von acht bis dreizehn weiteren Frauen gesprochen. Neben den genannten Frauen hatte Muhammad, wie in damaliger Zeit nicht unüblich, noch Sklavinnen und Konkubinen. Über Anzahl und Leben der Kinder, die der Prophet mit diesen Frauen hatte, können heute keine gesicherten Angaben gemacht werden. Seine einzigen überlieferten Enkel waren Fatimas Söhne Hassan und Hussein.

Berufung

Nachdem alle Datumsangaben bis zur Hidschra (die Emigration Muhammads von Mekka nach Medina) im Jahre 622 historisch nicht eindeutig belegbar sind, gibt es auch über das Jahr der *Berufung* des Propheten keine gesicherten Angaben. Allgemein gilt das Jahr *610* als das Jahr der ersten Vision Muhammads. Der Prophet zog sich, wie in Mekka nicht ganz unüblich, in die Abgeschiedenheit zurück, um Andachtsübungen zu verrichten. Für seine meditative Einsamkeit wählte er eine Höhle vor dem Berg Hira, rund 12 km nördlich von Mekka. Im Monat Ramadan hatte er dort im Alter von rund 40 Jahren sein erstes Berufungserlebnis. At-Tabari beschreibt das folgendermaßen:

Am Anfang der Offenbarung stand für den Gesandten Gottes die wahrhaftige Vision; sie kam (über ihn) wie der Anbruch der Morgendämmerung.

Dann gewann er die Einsamkeit lieb, und er ging zu einer Höhle auf dem Hira', um dort eine gewisse Anzahl von Nächten hindurch Andachtsübungen zu verrichten, ehe er zu seiner Familie zurückkehrte. Dann kehrte er zu ihr zurück, um Vorkehrungen für einen ähnlichen Aufenthalt zu treffen. Zuletzt kam unerwartet die Wahrheit zu ihm und sagte: O Mohammed, du bist der Gesandte Gottes.

Der Gesandte Gottes sagte: Ich hatte gestanden, doch ich sank auf meine Knie; dann kroch ich davon, und meine Schultern zitterten; dann betrat ich Chadidschas Zimmer und sagte: Hüllet mich ein, hüllet mich ein, bis die Angst von mir gelassen hat. Dann kam er zu mir und sagte: O Mohammed, du bist der Gesandte Gottes.

Mohammed sagte: Ich hatte daran gedacht, mich von einer Felsenklippe herabzustürzen, aber während ich so dachte, erschien er mir und sagte: O Mohammed, ich bin Gabriel, und du bist der Gesandte Gottes.

Dann sagte er: Trag vor. Ich sagte: Was soll ich vortragen? Mohammed sagte: Dann nahm er mich und presste mich dreimal heftig, bis Erschöpfung mich befiel; dann sagte er: Trag vor im Namen deines Herrn, der erschaffen hat. Und ich trug vor.

Und ich kam zu Chadidscha und sagte: Ich bin voller Angst um mich, und ich erzählte ihr mein Erlebnis. Sie sagte: Freue dich! Bei Gott, niemals wird Gott dich in Schande stürzen; du tust den Deinen Gutes, du sprichst die Wahrheit: du gibst zurück, was man dir anvertraut hat; du erduldest Mühen; du bewirtest den Gast; du hilfst den Helfern der Wahrheit.
Watt/Welch, S. 53 f.

Im Koran wird in Sure 53, 2–18 von zwei Visionen Muhammads berichtet:

Euer Landsmann (d. h. Muhammad) ist nicht fehlgeleitet und befindet sich nicht im Irrtum. Und er spricht nicht aus (persönlicher) Neigung. Es (oder: Er, d. h. der Koran) ist nichts anderes als eine inspirierte Offenbarung. Gelehrt hat (es) ihn einer, der über große Kräfte verfügt, und dem Festigkeit eigen ist. Er stand aufrecht da (in der Ferne) ganz oben am Horizont. Hierauf näherte er sich und kam (immer weiter) nach unten und war (schließlich nur noch) zwei Bogenlängen (entfernt) oder (noch) näher (da). Und er gab seinem Diener jene Offenbarung ein. Was er (so leibhaftig) gesehen hat, hat er nicht (etwa) sich selber vorgelogen. Wollt ihr denn mit ihm streiten über das, was er (mit eigenen Augen) sieht?

Er hat ihn ja auch ein anderes Mal herabkommen sehen, beim Zizyphusbaum am äußersten Ende (des heiligen Bezirks), (da) wo der Garten der Einkehr ist, (damals) als sich jene Decke über den Zizyphus legte. Der Blick (des Propheten) schweifte nicht ab (so dass er nur undeutlich hätte sehen können). Und er war nicht anmaßend. Er hat doch (auch sonst) gar große Zeichen seines Herrn gesehen.

Sure 53, 2–18

Die arabische Welt ist sich darin einig, dass es der Engel Gabriel war, der Muhammad erschien und ihm die Worte „Du bist der Gesandte Gottes" mitgab. Unklar ist die Übersetzung des Wortes qara'a: es kann sowohl „lesen" als auch „rezitieren" bzw. „vortragen" heißen. Um den Wundercharakter des Ereignisses zu unterstreichen, wird qara'a und Muhammads Antwort mā qara'a (was soll ich lesen?) dahin gedeutet, dass Muhammad nicht lesen konnte. Überhaupt sollen Anfang des 7. Jh. in Mekka nur ca. 20 Menschen in der Lage gewesen sein, zu lesen und zu schreiben. Umso größer ist dann das Wunder, dass Muhammad plötzlich des Lesens und Schreibens fähig war.

Dass Muhammad ein Engel erschien, gilt in der arabischen Welt als besondere Ehre, ist aber ein geringeres Wunder, als es in der heutigen westlichen Zivilisation oft empfunden wird. Der Glaube an Engel und Naturgeister (dschinns) war damals ausgeprägt und gehört im Islam auch heute noch zum allgemeinen Glaubensgut. Nicht zuletzt werden sowohl dschinns als auch

Engel im Koran mannigfaltig erwähnt, weshalb ihre Existenz als theologisch gesichert gilt.

Zwei Aussagen fallen im Text von at-Tabari besonders auf:

Zum einen die Aussage, Muhammad habe erwogen, Selbstmord zu begehen. Dies beweist, wie sehr Muhammad mit sich und mit der ihm aufgetragenen Mission gerungen hatte. Die Angst, die ihn Anfangs so stark begleitete, dürfte mit zunehmender Häufigkeit der Visionen abgenommen haben, auch wenn es zwischendurch längere Phasen ohne Visionen gab – zwischen den ersten Visionen Muhammads und seinem öffentlichen Wirken vergingen rund drei Jahre. In dieser Zeit gab er die Botschaft nur innerhalb seiner Familie und unter Freunden weiter.

Zum anderen war es seine Frau Chadidscha, die ihn immer unterstützte und Mut zusprach. Chadidscha gilt auch als die erste Muslimin, d. h. als die erste Anhängerin des Islam.

Es ist anzunehmen, dass Muhammads Sippe seiner Berufung nicht feindselig gegenüber stand. Bedenkt man, welche absehbaren Veränderungen Muhammads Botschaft für seine Familie mit sich brachte, ist die Unterstützung seiner Frau und seiner Familie doppelt erstaunlich. Als der Prophet schließlich seine Botschaft öffentlich lehrte, kam es zu heftiger Ablehnung vor allem seitens der Mächtigen in Mekka.

Anhänger und Widersacher

Wie oben schon dargelegt, erlebte Mekka um das Jahr 600 einen großen wirtschaftlichen Aufschwung. Mit den Handelskarawanen kamen sehr viele Güter in die Stadt, und manche Sippen bzw. einzelne Handelsleute verstanden es gut, sich in sehr kurzer Zeit großen Reichtum zu verschaffen. Diese wohlhabenden Personen und Sippen waren es, die wenig Interesse an einem Prediger hatten, der das Leben in Reichtum anprangerte und einen radikalen Weg der Umkehr forderte. Mehr noch: Die Forderung, an einen einzigen Gott zu glauben und allen anderen Göttern abzuschwören, war schwer geschäftsschädigend, lebte die Stadt doch zu einem nicht geringen Teil von den Pilgereinnahmen. Dem negativen Urteil der Großkaufleute schloss sich der ärmere Teil der Bevölkerung an, denn viele waren von der Oberschicht abhängig.

Die Anhänger Muhammads kamen vorwiegend aus der mekkanischen Mittelschicht. Kaufleute und andere, relativ unabhängige Bewohner folgten dem Propheten und protestierten so auch gegen die unsozialen und in ihren Augen ausbeuterischen Machenschaften der Großhändler. So entstand als eine sehr frühe und wichtige Säule des Islam die Forderung, den Armen zu helfen, großzügig zu sein und *Almosen* zu geben.

Hand in Hand damit ging die Vorstellung der *Einzelverantwortung vor Gott*. Entgegen der damals üblichen Praxis der Sippenhaftung sprach Muhammad davon, dass das Jüngste Gericht an einem Tag sein wird,

> *da niemand (mehr) etwas für einen anderen (auszurichten) vermag ... Die Entscheidung steht an jenem Tag (einzig und allein) Gott zu.*
> Sure 82, 19

So entstand der Glaube, dass die Machenschaften einzelner „Neureicher" am Jüngsten Tag gerichtet würden und dass es keine jenseitige Sippenhaftung gäbe. Jede einzelne Person kann ein wohlgefälliges Leben führen und so in das jenseitige Paradies eingehen. Jene Menschen, deren Leben nicht wohlgefällig war, würden nach der neuen Lehre im ewigen Feuer der Hölle schmoren.

Der Widerstand gegen die Muslime stieg stetig an. Waren es am Anfang noch Beschimpfungen und Schikanen unterschiedlicher Art, wurden die Auseinandersetzungen bald handgreiflich. Auch wurden Händler bedroht, die mit Muhammad Geschäfte abschlossen. Um das Jahr 615 kam es schließlich zur ersten von zwei *Emigrationen nach Abessinien* (heutiges Äthiopien). Insgesamt dürften rund 80 Mekkaner mit ihren Frauen und Kindern nach Abessinien ausgewandert sein, um den Repressalien der herrschenden Schicht in Mekka zu entgehen.

Indessen gingen die Ausgrenzungen der Muslime in Mekka weiter. Um das Jahr 616 kam es zu einem vollständigen *Handelsboykott* mit der gesamten Sippe der Haschemiten. Lückenlos wurde dieser Boykott jedoch nicht eingehalten, sodass der Stamm des Propheten nicht übermäßig darunter gelitten haben dürfte.

Das Jahr 619 brachte eine doppelte Wende: Zuerst wurde der Boykott aufgehoben, aber wenig später starben sowohl Muhammads Frau Chadidscha als auch das Oberhaupt der Haschemiten, Abu Talib. Ihm folgte als Klanoberhaupt *Abu Lahab* nach. Mit dieser Änderung verlor Muhammad plötzlich den Rückhalt der Sippe, wodurch sich seine Stellung in Mekka dramatisch verschlechterte.

Zu den Grundrechten der Nomaden in der Wüste sowie der städtischen Bevölkerung gehörte das *Lex talionis*. Das Lex talionis ist das Recht auf Vergeltung bzw. auf eine adäquate Gegenreaktion auf negative Handlungen. Wenn bis zum Jahre 619 jemand Muhammad verletzt hätte, wäre die gesamte Sippe der Haschemiten verpflichtet gewesen, diese Taten zu rächen, egal ob die Stammesmitglieder die Handlungen Muhammads unterstützt hätten oder nicht. Das Lex talionis erklärt, warum der Prophet bis zu dieser Zeit trotz der Widerwärtigkeiten gegen ihn und gegen seinen Klan weiterhin öffentlich auftreten und lehren konnte.

Mit der Wahl Abu Lahabs zum Klanoberhaupt wurde plötzlich ein Gegner Muhammads Anführer der Haschemiten. Es dauerte nicht lange, bis es zum Streit zwischen den beiden kam. Abu Lahab behauptete, Muhammad hätte seinen Großvater Abd al-Muttalib beleidigt, indem er gesagt hätte, dieser würde in der Hölle schmoren. Durch diese Lüge verlor der Prophet den Schutz seines Stammes. Dadurch verschlimmerte sich seine Situation dramatisch. Muhammad lebte fortan nicht mehr ständig in Mekka, sondern versuchte in der benachbarten Stadt Ta'if Fuß zu fassen, aber dies misslang gründlich. Um wieder in seine Heimatstadt zurückzukehren, musste er sich andere Stämme suchen, die ihm Schutz gewährten. Indes stieg die Zahl der Muslime immer noch an. Vielleicht gewann der Islam auch aus Protest gegen die Machenschaften der einflussreichen Mekkaner immer mehr Anhänger.

Über das Ansehen und die genaue Stellung Muhammads in Mekka gibt es unterschiedliche Aussagen. Einerseits war er sicherlich eine sehr charismatische Persönlichkeit. Die steigende Anzahl der Muslime ist ein deutliches Indiz dafür. Andererseits gibt es gerade im Koran Hinweise für die gegenteilige Meinung: Aus Sure 43, 31 ist zu schließen, dass Muhammad zwar zu einer mehr oder weniger mächtigen Sippe gehörte, selbst aber wenig geachtet war:

> *Und sie (die Mekkaner) sagten: ,Warum ist (denn) dieser Koran*
> *nicht auf einen mächtigen Mann (in einer) von den beiden Städ-*
> *ten (Mekka und Ta'if) herabgesandt worden?'*
> Sure 43, 31

Ähnlich Sure 11, 91:

> *Sie sagten: ,Schu'aib! Wir verstehen kaum etwas von dem, was*
> *du sagst. Wie wir sehen, bist du innerhalb unserer Gemeinschaft*
> *machtlos. Wenn deine Gruppe (von Männern) nicht wäre, wür-*
> *den wir dich bestimmt steinigen (d. h. mit Steinwürfen verjagen).*
> *Du (selber) imponierst uns nicht.'*
> Sure 11, 91

Insgesamt dürfen diese Koranverse jedoch nicht überbewertet werden. Rudi Paret schreibt: „Wir müssen uns damit zufrieden geben, dass der Koran über die ersten vierzig Jahre des Propheten so gut wie nichts aussagt." (Paret, S. 39) Wohl aber fällt auf, dass der im Koran verwendete Wortschatz eine starke kaufmännische Prägung hat. Charles C. Torey spricht sogar davon, dass im Koran eine Business-Atmosphäre vorherrscht (ebenda, S. 39).

Muhammad litt sicherlich schwer unter der Ablehnung der Mekkaner. Die Hoffnung, der neue Glaube würde sich durch-setzen, erfüllte sich nicht und auch seine persönliche Sicherheit war gefährdet. Auf die Frage, warum das so sei, gab es für Mu-hammad theologisch nur eine Erklärung: Gott selbst hatte die Mekkaner mit Unglauben gestraft:

> *Und wenn Gott einen rechtleiten will, weitet er ihm die Brust für*
> *den Islam. Wenn er aber einen irreführen will, macht er ihm die*
> *Brust eng und bedrückt (so dass es ihm ist) wie wenn er in den*
> *Himmel hochsteigen würde (und keine Luft bekommt).*
> Sure 6, 125

Nächtliche Reise nach Jerusalem und Himmelfahrt

Vor der Emigration nach Medina datiert die islamische Tradition zwei für Muslime zentrale Ereignisse: Die *Himmelfahrt des Pro-pheten* sowie seine *nächtliche Reise von der Kaaba nach Jerusalem.*

Himmelfahrt und Jerusalemreise sind vielfach und sehr unterschiedlich überliefert. Manche Quellen verknüpfen beide Reisen und erzählen davon, dass diese in derselben Nacht gewesen sein sollen. Der Koran berichtet in Sure 17:

> *Gepriesen sei der, der mit seinem Diener (d. h. Muhammad) bei Nacht von der heiligen Kultstätte (in Mekka) nach der fernen Kultstätte (in Jerusalem), deren Umgebung wir gesegnet haben, reiste, um ihn etwas von unseren Zeichen sehen zu lassen! Er (d. h. Gott) ist der, der (alles) hört und sieht.*
>
> Sure 17, 1

Spätere Überlieferungen haben diese Reise stark ausgeschmückt: Muhammad sei in einer nächtlichen mystischen Reise auf dem geflügelten Pferd al-Buraq nach Jerusalem auf den Tempelberg geritten, hätte dort mit den biblischen Propheten gebetet und sei danach unter der Führung des Engels Gabriel in den Himmel aufgefahren. Dort seien ihm die sieben Himmel gezeigt worden, er hätte das Paradies und die Hölle gesehen sowie einige Propheten getroffen. Schließlich sei ihm auch Gott selbst begegnet. Aus der Fülle an Himmelfahrtserzählungen soll hier exemplarisch eine näher angeführt werden:

Laut Überlieferung hatte Muhammad von Gott den Auftrag bekommen, die Muslime müssten jeden Tag 50 Gebete verrichten. Von Mose gestärkt, kehrte Muhammad zu Gott zurück, um ihn zu bitten, die Anzahl der Gebete zu verringern. Daraufhin reduzierte Gott die Zahl auf zehn Gebete. Auch dies erschien dem Propheten zu hoch und so bewirkten erneute Bitten schließlich eine weitere Reduktion auf fünf Gebete am Tag. Bis heute beten fromme Muslime täglich fünfmal zu Gott.

Hidschra

Ungefähr im Jahre 620 traf Muhammad im Alter von ca. 50 Jahren auf eine Gruppe aus *Medina* (eigentlich hieß die Stadt damals Jathrib; später wurde sie jedoch umbenannt in Madinat al-Nabi, „die Stadt des Propheten", kurz Medina). Medina war zu dieser Zeit führerlos und zerstritten. Die Händler waren von Muhammad und von seiner Lehre so beeindruckt, dass sie sich bald zum Islam bekehrten und viele Einwohner Medinas missionierten. Schließlich wurde seitens der Medinenser der Wunsch an Muhammad herangetragen, dieser solle helfen, sozusagen als stammesfremde und damit unparteiische Person jahrzehntelange Konflikte in Medina zu schlichten. Diese Konflikte bestanden zwischen den arabischen und den jüdischen Stämmen.

Nach mehreren Verhandlungen mit dem Propheten wurde vereinbart, dass dieser mit seinen Anhängern nach Medina kommen und dort die Funktion des Schiedsrichters einnehmen solle. 622 war es schließlich so weit. Um nicht allzu sehr aufzufallen, zogen die Gläubigen in kleinen Gruppen in die ca. neun Tagesreisen entfernte Stadt Medina. Trotz der steigenden Bedrohung schaffte es auch Muhammad, nach Medina zu gelangen. Eine Legende erzählt, Muhammad habe bei der Flucht zusammen mit seinem Freund Abu Bakr in einer Höhle Zuflucht gesucht, während die Verfolger ihnen dicht auf den Fersen waren. Da kam ihnen eine Spinne zu Hilfe. Diese spann ein so dichtes Netz, dass der Eingang zur Höhle nicht zu finden war. Dieser Geschichte liegt der Koranvers 9,40 zugrunde:

Wenn ihr ihm (d. h. dem Propheten) keinen Beistand leistet (kann er doch auf die Hilfe Gottes rechnen). Gott hat ihm ja schon (damals) Beistand geleistet, als die Ungläubigen ihn zu zweit (aus Mekka) vertrieben. (Damals) als die beiden in der Höhle waren, und als er (d. h. Muhammad) zu seinem Gefährten sagte: ‚Sei nicht traurig! Gott ist mit uns.' Da sandte Gott seine Sakina auf ihn herab und stärkte ihn mit Truppen (vom Himmel), die ihr nicht sahet ...
Sure 9, 40

Die oft als „Flucht" übersetzte Emigration nach Medina wird *Hidschra* genannt und ist das zentrale Ereignis der islamischen Geschichtsschreibung. Obwohl Muhammad erst am 24. September des Jahres 622 Medina erreichte, beginnt mit Freitag, dem *16. Juni 622* (das ist der Beginn jenes arabischen Jahres, in dem die Hidschra stattfand) das Jahr 1 der islamischen Zeitrechnung.

Muhammad in Medina

Medina war im Gegensatz zu Mekka eine grüne Oase, in der es reichlich Landwirtschaft gab. Die Dattelplantagen dürften von jüdischen Siedlern angelegt worden sein, die auch den Getreideanbau in Medina kultiviert haben sollen. „Der wirtschaftliche Nutzen, den die Bebauung des Landes abwarf, gestattete den Juden die politische Vorherrschaft über die frühen arabischen Bewohner der Oase. Dann aber kamen andere Araber und ließen sich in der Oase nieder." (Watt/Welch, S. 95). Schließlich kam es zu Streitigkeiten zwischen den zwei großen arabischen und den drei großen jüdischen Stämmen. Daneben waren noch kleinere Gruppen in Medina ansässig, die mit der Zeit ebenfalls in die Streitigkeiten hineingezogen wurden.

Muhammad erfüllte die ihm in Medina zugedachte Rolle als Vermittler und Schiedsrichter, und so wurde im Jahre 623 der „Gemeindevertrag von Medina", der auch „Verfassung von Medina" genannt wird, unterzeichnet. Dieser Vertrag anerkannte Juden und Muslime als gleichberechtigte Vertragspartner. Die Juden durften ihren Glauben frei ausüben, solange sie sich nicht gegen Muhammad verbündeten. Obwohl ihnen das Recht zugeschrieben wurde, ihren eigenen Glauben zu behalten, versuchte Muhammad fortan, die Juden zum Islam zu bekehren.

Überhaupt änderte sich Muhammad in Medina grundlegend. Manche westliche Autoren sprechen sogar von einem „ganz anderen Muhammad": Er, der jahrzehntelang mit einer viel älteren Frau verheiratet war und in dieser Zeit monogam gelebt haben dürfte, heiratete als Mittfünfziger die erst zehnjährige *Aischa*, die Tochter seines Freundes und späteren Nachfolgers Abu Bakr. Manche Quellen berichten sogar, dass Aischa bei der Eheschließung erst sechs Jahre alt gewesen sei und Muhammad die Ehe mit ihr vollzogen hätte, als sie neun Jahre alt war. Aischa blieb, wie oben schon erwähnt, nicht die einzige Frau, die Muhammad in Medina ehelichte. Nicht ganz unumstritten war auch Muhammads Heirat mit *Zainab*, der Frau seines Adoptivsohnes Said ibn Harita. Gläubige Muslime sehen diese Verbindung jedoch als Zeichen Gottes, dass es auch erlaubt sei, die geschiedene Frau seines Adoptivsohnes zu heiraten:

*Und (damals) als du zu demjenigen, dem sowohl Gott als auch
du Gnade erwiesen hatten, sagtest: ‚Behalte deine Gattin für dich
und fürchte Gott!‘, und in dir geheimhieltest, was Gott (doch)
offenkundig machen würde, und Angst vor den Menschen hattest,
während du eher vor Gott Angst haben solltest! Als dann Said sein
Geschäft mit ihr erledigt hatte (d. h. sich von ihr geschieden hatte),
gaben wir sie dir zur Gattin, damit die Gläubigen sich (künftig)
wegen (der Ehelichung) der Gattinnen ihrer Nennsöhne, wenn
diese ihr Geschäft mit ihnen erledigt haben, nicht bedrückt fühlen
sollten. Was Gott anordnet, wird (unweigerlich) ausgeführt.*
Sure 33, 37

Kurz nach seiner Ankunft in Medina kaufte Muhammad ein
Stück Land und baute ein Haus. Der Hof des Hauses wurde zum
Gebetsort für die Muslime in der Stadt. So kann Muhammads
Heim auch als erste Moschee bezeichnet werden.

Als nächstes stellte sich die Frage, wie der Lebensunterhalt be-
stritten werden sollte. Noch gab es in der Oase genügend Flächen,
die wirtschaftlich ungenutzt waren, aber der Prophet wollte lieber weiterhin als Händler tätig sein. Über den genauen Umfang
der Handelstätigkeiten des Propheten gibt es widersprüchliche
Quellen. Gesichert ist jedoch, dass Muhammad recht schnell dazu
überging, nicht nur selbst Karawanen zu organisieren, sondern
Karawanen aus und von Mekka zu überfallen. Auch wenn einige
Anschläge scheinbar durch illoyale Medinenser verraten wurden
und deshalb erfolglos blieben, konnten Muhammads Leute im
Januar 624 erstmals eine Karawane erfolgreich ausrauben.

Muhammad glaubte, er stehe in einer Tradition mit den großen jüdischen Propheten. Deshalb versuchte er sich den Juden
anzunähern. So wurde in Richtung Jerusalem gebetet, es wurden
jüdische Fasttage gehalten usw. Aber die Hoffnung, von den Juden
anerkannt zu werden, blieb großteils unerfüllt. Zwar konvertierten
einige Juden nominell zum Islam. In Wahrheit machten sie sich über
Muhammads Ansprüche jedoch lustig und übten Kritik an ihm.

*In ihrem Herzen haben sie (an sich schon) eine Krankheit, und
Gott hat sie (noch) kränker werden lassen. Für ihre Lügenhaftig-
keit haben sie (dereinst) eine schmerzhafte Strafe zu erwarten.*
Sure 2, 10

So war es nur eine Frage der Zeit, bis es Anfang 624 zum Bruch mit den Juden kam. Deutlich sichtbar wurde diese Spaltung zwischen den beiden Gruppen dadurch, dass Muhammad plötzlich die Gebetsrichtung änderte. Statt Richtung Jerusalem wandte er sich beim Gebet nach Mekka und zeigte damit pragmatisch den neuen Weg an. Das neue Zentralheiligtum war nunmehr die Kaaba in Mekka, und die Missionierung der Juden stand nicht mehr im Vordergrund. Im Koran wird in Sure 2, 142–150 davon berichtet. Drei Verse seien hier exemplarisch angeführt:

> *Die Toren unter den Leuten werden sagen: ,Was hat sie (d. h. die Muslime) von der Gebetsrichtung, die sie (bisher) eingehalten hatten, abgebracht?' Sag: Gott gehört der Osten und der Westen. Er führt, wen er will, auf einen geraden Weg. Und so haben wir euch (Muslime) zu einer in der Mitte stehenden Gemeinschaft gemacht, damit ihr Zeugen über die (anderen) Menschen seiet und der Gesandte über euch Zeuge sei. Und wir haben die Gebetsrichtung, die du (bisher) eingehalten hast, nur eingesetzt, um (die Leute auf die Probe zu stellen und) zu unterscheiden, wer dem Gesandten folgt, und wer eine Kehrtwendung vollzieht (und abtrünnig wird). Es ist zwar schwer (was man von den Leuten verlangt), aber nicht für diejenigen, die Gott rechtgeleitet hat. Gott kann unmöglich zulassen, dass ihr umsonst geglaubt habt. Er ist gegen die Menschen mitleidig und barmherzig. Wir sehen, dass du unschlüssig bist, wohin am Himmel du dich (beim Gebet) mit dem Gesicht wenden sollst. Darum wollen wir dich (jetzt) in eine Gebetsrichtung weisen, mit der du gern einverstanden sein wirst: Wende dich mit dem Gesicht in Richtung der heiligen Kultstätte (in Mekka)! Und wo immer ihr (Gläubigen) seid, da wendet euch mit dem Gesicht in dieser Richtung! Diejenigen, die die Schrift erhalten haben, wissen, dass es die Wahrheit ist (und) von ihrem Herrn (kommt). Und Gott achtet sehr wohl auf das, was sie tun.*
> Sure 2, 142–144

Die Änderung der Gebetsrichtung war nur der Anfang einer großen Zahl an Repressalien gegen die medinensischen Juden. Muhammad unterwarf die Bewohner der Stadt regelrecht und führte ein strenges Kommando. Mit dieser eisernen Disziplin gelang ihm auch ein sehr prestigeträchtiger Sieg im ersten Kampf gegen die Mekkaner: Im März 624 gewannen die Medinenser unter der Führung des Propheten die *Schlacht von Badr*. Diese wurde gegen die Mekkaner geführt, die herbeigekommen waren, um einer vom Propheten angegriffenen Karawane beizustehen. Die Schlacht von Badr gilt als Meilenstein in der islamischen Geschichte, weil hier zum einen erstmals Märtyrer im Kampf für den neuen Glauben fielen. Zum anderen war Badr theologisch ein Beweis für die Macht Gottes, mit dessen Hilfe die kleine Armee des Propheten gegen das übermächtig scheinende mekkanische Heer gewinnen konnte:

> *Und nicht ihr habt sie (d. h. die Ungläubigen, die in der Schlacht bei Badr gefallen sind) getötet, sondern Gott. Und nicht du hast jenen Wurf ausgeführt, sondern Gott. Und er wollte (mit alledem) seinerseits die Gläubigen etwas Gutes erleben lassen. Gott hört und weiß (alles).*
> Sure 8, 17

Ein Jahr später, im März 625 gewannen die Mekkaner die „Revancheschlacht" am *Berg Uhud*. Der nächste große Zwischenfall war die *Belagerung Medinas* im April 627. Trotz einer rund 10.000 Mann starken Armee war es den Mekkanern aufgrund eines von Muhammad errichteten Grabens nicht möglich, Medina einzunehmen.

Die ersten beiden Schlachten wurden vom Propheten zum Anlass genommen, jeweils einen der drei führenden jüdischen Stämme aus Medina auszuweisen. Der „Grabenkrieg" im Jahre 627 war der offizielle Grund, die Juden endgültig aus Medina zu vertreiben. Weil ein Stamm während der Belagerung Kontakt zu den Mekkanern hatte, wurden alle Männer des Stammes zum Tode verurteilt und die Frauen und Kinder versklavt. „Alle Männer im Alter der Mannbarkeit, 600–900 Mann, wurden enthauptet, die Kinder und die Frauen in die Sklaverei verkauft. Ihr Land wurde in fünf Teile geteilt, deren einer Muhammad zufiel." (Schall, S. 324)

Das Leben in Medina wurde von Muhammad in Form eines *religiösen Gemeinwesens* organisiert. Hierdurch unterschied sich das Zusammenleben in Medina grundsätzlich von dem anderer arabischer Städte. Muhammad errichtete eine Art Gottesstaat, in dem nicht mehr wichtig war, wer aus welcher Sippe kam, sondern alle Muslime bildeten aufgrund ihres gemeinsamen Glaubens eine große Gemeinschaft. Diese wurde *umma* (arab. „Gemeinschaft") genannt und darunter wird auch heute noch die weltweite Gemeinschaft aller Muslime verstanden.

Rückkehr nach Mekka

Nach islamischer Tradition war ein Traum Anlass für Muhammad, zusammen mit 1.500 Männern im März 628 eine Wallfahrt nach Mekka zu machen. Die Mekkaner versperrten ihm jedoch den Weg, weil sie vermuteten, Muhammad sei in kriegerischer Absicht gekommen. Schließlich gab es Verhandlungen und es wurde ein für zehn Jahre anberaumter Waffenstillstand bzw. Friedensvertrag zwischen dem Propheten und den Mekkanern geschlossen. In diesem Jahr, so wurde vereinbart, dürfe Muhammad die Wallfahrt nicht machen. Wohl aber sei es ihm gestattet, im darauf folgenden Jahr zusammen mit anderen Medinensern eine dreitägige Wallfahrt in den heiligen Bezirk zu unternehmen. Diese Wallfahrt wurde 629 ohne Zwischenfälle durchgeführt.

Der Einfluss Muhammads wurde größer, und immer mehr Stämme schlossen sich der neuen religiösen Bewegung (und wohl auch der neuen politischen Macht) an. So kam es, dass der im Jahre 628 geschlossene Waffenstillstand von Seiten des Propheten gebrochen wurde, und er mit einer Streitmacht von rund 10.000 Mann gegen Mekka marschierte. Am *11. Januar 630* konnte Muhammad ohne nennenswerten Widerstand in Mekka einmarschieren. Fast alle Mekkaner waren in der Folge der Überzeugung, der Islam wäre doch der richtige Glauben, und so erfolgte die Einnahme Mekkas fast ohne Kraftanstrengung.

Unter den vielen Legenden, die sich um die Einnahme Mekkas ranken, sei hier wiederum eine exemplarisch angeführt: *Bilal al-Habaschi*, ein aus Äthiopien stammender ehemaliger Sklave und späterer enger Vertrauter des Propheten wurde am Tag der Eroberung Mekkas der allererste *Muezzin* (arab. „Ausrufer", „Gebetsrufer") im Islam. Er soll eine sehr schöne und vor allem auch sehr laute Stimme gehabt haben. Deshalb beauftragte ihn Muhammad nach der Einnahme der Stadt, auf das Dach der

Kaaba zu steigen und zum Gebet zu rufen. Trotz des Unmutes vieler, dass ausgerechnet ein schwarzer Diener bei diesem denkwürdigen Anlass zum Gebet rufen durfte, versammelte sich an diesem Tag fast ganz Mekka zum gemeinsamen Gebet zu Allah. Die Antwort auf den Vorwurf, ein Schwarzer und ehemaliger Sklave sei für den Gebetsruf unwürdig, gibt Sure 49, 13:

> *Ihr Menschen! Wir haben euch geschaffen (indem wir euch) von einem männlichen und einem weiblichen Wesen (abstammen ließen), und wir haben euch zu Verbänden und Stämmen gemacht, damit ihr euch (auf Grund der genealogischen Verhältnisse) untereinander kennt. (Bildet euch aber auf eure vornehme Abstammung nicht zu viel ein!) Als der Vornehmste gilt bei Gott derjenige von euch, der am frömmsten ist. Gott weiß Bescheid und ist (über alles) wohl unterrichtet.*
> Sure 49, 13

Nach der kampflosen Einnahme Mekkas erließ Muhammad eine Generalamnestie und vergab denen, die ihm einst so viel Leid zugefügt hatten. Muhammad „reinigte" die Kaaba von den Götzenbildern und schaffte die Blutfehden ab. Fortan wurden Verbrechen durch Rechtsspruch gesühnt.

Die letzten Jahre bis zu seinem Tod verbrachte Muhammad damit, das islamische Großreich zu organisieren. Auch gab es noch mehrere, größere siegreiche Schlachten. Immer mehr arabische Stämme schlossen sich dem Islam an, sodass bei seinem Tod beinahe ganz Arabien muslimisch war.

Die Abschiedswallfahrt und der Tod des Propheten

Muhammad kehrte wieder nach Medina zurück, kam aber zu den Wallfahrten nach Mekka. Die *Abschiedswallfahrt* im Jahre 632 in die „Stadt der Heiligen Moschee", wie Mekka oft genannt wird, war für ihn ein letzter großer Triumphzug. Über 100.000 Muslime aus allen Teilen des Landes sollen mit ihm zur Kaaba und zu den Heiligen Stätten gepilgert sein. Über die genauen Rituale dieser letzten Wallfahrt gibt es viele Quellen. Diese bilden die Grundlage für den *Hadsch*, den bis heute alle gläubigen Muslime einmal in ihrem Leben durchführen sollen.

Alsbald nach seiner Rückkehr nach Medina wurde Muhammad krank. Dies beunruhigte die Gläubigen sehr, denn, so berichten die Quellen, Muhammad war fast nie krank, nicht einmal während der vielen schwierigen Situationen, die er in seinem Leben zu bestehen hatte. Zu Beginn der Krankheit litt Muhammad nächtens an Schlaflosigkeit. In den folgenden Tagen kam hohes Fieber dazu, er klagte über heftige Kopfschmerzen und wurde schwächer und schwächer. Muhammad ist am 8. *Juli 632* im Alter von rund 62 Jahren in Aischas Schoß ruhig entschlafen. Seine letzten Worte waren: *Der Freund, der Höchste, aus dem Paradies.*

Die Bestürzung der Muslime über die Nachricht des Todes war groß. Viele konnten es nicht glauben, dass der Gesandte Gottes wirklich verstorben sei. Obwohl der Tod des Propheten für manche überaus schmerzhaft und unfassbar war, sprach doch Muhammad selbst öfters von seinem Ableben:

Und Muhammad ist nur ein Gesandter. Vor ihm hat es schon (verschiedene andere) Gesandte gegeben. Werdet ihr denn (etwa) eine Kehrtwendung vollziehen, wenn er (eines friedlichen Todes) stirbt oder (im Kampf) getötet wird? Wer kehrtmacht, wird (damit) Gott keinen Schaden zufügen. Aber Gott wird (es) denen vergelten, die (ihm) dankbar sind.
Sure 3, 144

Neben der Frage, wer Muhammads Nachfolge antreten sollte, gab es am Sterbetag des Propheten auch Uneinigkeit über den Ort seiner Grabstätte. In Frage kamen Mekka, Jerusalem und die Moschee in Medina. Die Entscheidung fiel auf einen anderen Ort, nämlich auf ein erst zu errichtendes Grab an jener Stelle, an der Muhammad verstarb. Dort wurde der Leichnam in einem ausgehobenen Erdgrab bestattet.

Nach islamischer Überlieferung wohnte Aischa auch nach der Bestattung weiterhin in diesem Haus. Ihr Schlafgemach war im Nebenzimmer des Grabesraumes. Als Muhammads Nachfolger Abu Bakr starb, wurde er ebenso neben dem Propheten bestattet wie dessen Nachfolger Umar. Die Überlieferung berichtet zudem, dass Aischa den Grabesraum so lange unverschleiert besuchte, bis Umar darin bestattet wurde. Bis dahin waren nur ihr Ehemann und ihr Vater darin beerdigt. Nach Umars Bestattung ging sie jedoch nur mehr verschleiert in die Grabkammer.

Was ist abschließend über den Propheten und über sein Leben zu sagen? Westliche Kritiker sehen Muhammad differenziert: Zum einen war er im Kern seines Wesens ein sehr religiöser Mensch. Er führte ein bescheidenes Leben und häufte keine Reichtümer an. Zum anderen scheint er, gemessen an heutigen Maßstäben, auch einige „dunkle Eigenschaften" gehabt zu haben: Gegner, die ihm verhasst waren, ließ er martern und bediente sich selbst des Mordes zu ihrer Beseitigung. Es gibt zahlreiche Beispiele seiner auffallenden Grausamkeit, ein bei einem Propheten und Religionsstifter immerhin befremdender Charakter. Aber man muss für ein gerechtes Urteil auch bedenken, „dass er in der Reihe der großen Stifter als der letzte gegen seine Vorgänger insofern im Nachteil ist, dass wir eben seinen historischen Lebenslauf besser kennen" (Schoeps, S. 139). Muhammad war also Anfang des 7. Jh. auf der arabischen Halbinsel sowohl religiöser wie auch politischer Führer in einer Zeit des wirtschaftlichen Umbruchs und der religiösen Vielfalt.

Für Muslime war und ist Muhammad ein Vorbild im Glauben und in der Lebensführung:

Gott und seine Engel sprechen den Segen über den Propheten. Ihr Gläubigen! Sprecht (auch ihr) den Segen über ihn und grüßt (ihn), wie es sich gehört!
Sure 33, 56

Nach seinem Tod entstanden unzählige, die Person oft stark verklärende Geschichten über das gute Leben des Propheten. Selbst Tiere sollen bezeugt haben, dass Muhammad der Gesandte Gottes sei. Wie auch in anderen Religionen entwickelte sich rasch ein Reliquienkult. Seine Bart- und Haupthaare, seine Sandalen, seine Kleider usw. werden bis heute besonders verehrt und als scharif (arab. „edel") bezeichnet.

Zudem ist bis heute der Name des Propheten ein Name, den Eltern gerne ihren Kindern geben. Auch Menschen, die sich im Erwachsenenalter zum Islam bekehren, nennen sich häufig Muhammad – der Boxer Muhammad Ali ist dafür wohl das prominenteste Beispiel.

Als Letztes soll hier noch das zentrale und die Muslime vereinende Glaubensbekenntnis erwähnt werden: *„(Ich bezeuge), es gibt keinen Gott außer Gott"* ist der erste Teil dieses Bekenntnisses. Der zweite lautet *„und Muhammad ist der Gesandte Gottes"* (Schiiten kennen noch einen dritten Teil: *„und Ali ist der Freund Gottes"*). Muhammad hielt also sogar in das von frommen Muslimen oftmals am Tag gesprochene Glaubensbekenntnis Einzug. Das belegt, welche vorherrschende Stellung unter den Muslimen der Prophet einnahm und heute immer noch einnimmt.

Die Botschaft Muhammads

Worin bestand die Lehre des Propheten? Was war seine Botschaft, was verkündete er den Menschen, dass innerhalb von wenigen Jahren fast ein ganzes Land zu einem neuen Glauben konvertierte? Nach Watt/Welch kann die Lehre Muhammads in fünf Punkten zusammengefasst werden (Watt/Welch, S. 60–68).

Kernpunkte der Lehre

Gottes Güte und Macht: Für Muslime ist Gott sowohl überaus machtvoll als auch gütig und barmherzig. Im Koran finden sich zahlreiche Belege für diese Aussage:

> *Sehen sie (d. h. die Ungläubigen) denn nicht die Kamele (und denken darüber nach), wie sie geschaffen worden sind, den Himmel, wie er emporgehoben worden ist, die Berge, wie sie aufgestellt worden sind, und die Erde, wie sie ausgebreitet worden ist?*
> Sure 88, 17–20

Die Gnade und Barmherzigkeit Gottes wird zu Beginn jeder Sure (außer Sure 9) beschrieben. Die sogenannte Basmalaformel lautet:

> *Im Namen Gottes, des Gnädigen, des Barmherzigen*
> Basmala: Eröffnungsformel von 113 der 114 Suren

Gericht: Die Furcht vor dem Jüngsten Gericht und vor den Schmerzen der Hölle sowie die Vorfreude auf ein Leben im Paradies war ein weiterer Grund, der die Menschen zum Übertritt zum Islam bewog. In den früheren Suren sind die Höllenbilder noch nicht so ausgeprägt wie in den Suren nach der Hidschra. Die Einflüsse jüdisch und christlich apokalyptischen Denkens sind nicht zu übersehen. Auch dort finden sich nicht selten genaue Beschreibungen, wie die jenseitigen Qualen aussehen werden:

> *Diejenigen aber, die ungläubig sind, bekommen (in der Hölle) heißes Wasser zu trinken und haben (zur Vergeltung) dafür, dass sie ungläubig waren, eine schmerzhafte Strafe zu erwarten.*
> Sure 10, 4

> *Wen Allah rechtleitet, der ist (in Wahrheit) rechtgeleitet. Für diejenigen aber, die er irreführt, wirst du außer ihm keine Freunde finden. Und wir werden sie am Tag der Auferstehung (zu uns) versammeln, kopfüber zu Boden geworfen, blind, stumm und taub. Die Hölle wird sie (dann) aufnehmen. Sooft das Feuer darin nachlässt, lassen wir ihnen die Brandhitze (wieder) stärker werden.*
> Sure 17, 97

Insgesamt besteht rund ein Fünftel des gesamten Korans aus eschatologischen Schilderungen wie Gericht, Auferstehung der Toten, Himmel-, Hölle- und Paradiesbeschreibungen, Vergeltung, Höllenqualen usw. Nach der Übersiedlung nach Medina nehmen diese Schilderungen prozentual zugunsten sittlich-religiöser Vorschriften ab.

Dankbarkeit und Gottesfurcht: In Dankbarkeit für die Güte Gottes sollen die Menschen ein reines und Gott gefälliges Leben führen:

> *Selig ist, wer sich rein hält, des Namens seines Herrn gedenkt und das Gebet verrichtet.*
> Sure 87, 14–15

Was es genau heißt, Gott gefällig zu leben, ist eine der Kernfragen einer jeden Religion. Im Koran finden sich zahlreiche Passagen, die konkrete Handlungsanweisungen geben: Angefangen von Ehevorschriften über Kleidungsgebote bis hin zu kultischen Angelegenheiten. Daneben sind die Hadithe eine weitere Quelle, die belegen, wie Muhammad lebte und wie Muslime leben sollen.

Überhaupt ist der Islam eine Religion, in der Gesetze und die Einhaltung von Gesetzen eine wichtige Rolle spielen. Muhammad stellte jedoch keine systematische Gebotslehre auf. Vielmehr ist es Aufgabe heutiger Rechtsschulen, aus der Fülle an überlieferten Texten und Anekdoten den verpflichtenden Kern herauszuschälen. Es sind aber nicht nur sittliche Gebote, die Muslime einzuhalten haben, sondern auch kultische Vorschriften, Wallfahrtsrituale usw.

Im Kern der von Muhammad verkündeten Gebotsordnungen steht die Vorstellung, Gott habe durch den Propheten das ewige Gesetz zu den Menschen gebracht. Die Menschen haben dieses nicht zu kommentieren, zu verändern oder umzudeuten. Freiheit im Gebotsbereich gibt es praktisch nicht. Dieser Gebotscharakter ist auch aus dem Namen der Religionsgemeinschaft herauszulesen: Islam bedeutet aus dem Arabischen übersetzt „*Unterwerfung bzw. Hingabe unter dem Willen Gottes*".

Großzügigkeit: Mit der Forderung der Großzügigkeit setzt Muhammad einen Gegenpol zur hochmütigen Praxis der neureichen mekkanischen Großhändler. Wie oben schon ausgeführt war Mekka eine sich im Wandel befindende Stadt. Unsoziale und ausbeuterische Praktiken breiteten sich aus. Muhammad protestierte gegen diese Machenschaften der Großhändler und forderte von seinen Anhängern, nicht nur fromm zu leben, sondern auch den Mitmenschen gegenüber edelmütig und freigiebig zu sind.

Berufung: Schließlich bestand ein zentraler Teil der Lehre des Propheten darin, den Menschen mitzuteilen, dass Gott Muhammad zu seinem Gesandten berufen hatte. Der Islam kennt eine Reihe von Propheten, deren Namen schon in der Bibel erwähnt sind: Abraham, Mose, Jesus usw. Muhammad ist als das Siegel der Prophetie der letzte dieser Prophetenreihe. Aus diesem Grund ist es besonders wichtig, dass das im Koran festgeschriebene ewige Gesetz Gottes nicht verändert, sondern von den Menschen streng befolgt wird.

Manche Forscher vermuten, dass sich Muhammad zu Beginn seines öffentlichen Auftretens mehr als Sprachrohr verstand

und erst durch die Entwicklung der Ereignisse zum politischen
Führer der Muslime wurde. In Medina avancierte Muhammad
schnell zur einflussreichsten Persönlichkeit. Damit einher ging
die Verantwortung des Propheten für das Wohl der Gläubigen
und seine Sorge um den Fortbestand der neuen Religion

Die fünf Säulen des Islam

Neben den fünf genannten Punkten müssen bei der Frage nach
der Botschaft des Propheten auch die fünf Säulen des Islam
erwähnt werden. Ebenso wie bei anderen Weltreligionen gab es
nie „den Islam" und gibt es ihn auch heute nicht. Vielmehr halten
sich Muslime in unterschiedlichen Weltgegenden an unterschiedliche sittliche und religiöse Praktiken. Das, was fast alle Muslime
weltweit verbindet, ist die Forderung, die *fünf Säulen des Islam* zu
befolgen. Diese sollen nach islamischer Überlieferung bereits auf
den Propheten selbst zurückgehen. Die fünf Säulen sind:

Das Glaubensbekenntnis (Schahada): „La ilaha illa-llah; muhammad
rasulu-llah": „(Ich bezeuge,) es gibt keinen Gott außer Gott und
Muhammad ist der Gesandte Gottes." Die Schiiten fügen noch
den Satz „ali waliyu llah" („und Ali ist der Freund Gottes") hinzu.
    Jeder Gläubige betet mehrmals täglich dieses Bekenntnis zum
islamischen Glauben. Die Worte der Schahada sollen sowohl das
Erste sein, das einem Kind nach der Geburt ins Ohr geflüstert
wird als auch das Letzte, das Sterbende vor ihrem Tod sprechen
sollen. Alle anderen Bekenntnisse und Lehren sind der Schahada
untergeordnet.
    Im Koran ist die Schahada zwar nicht wörtlich überliefert, aber
an verschiedenen Stellen finden sich die beiden Satzteile:

*Gott (ist einer allein). Es gibt keinen Gott außer ihm. (Er ist) der
Lebendige und Beständige. Ihn überkommt weder Ermüdung
noch Schlaf. Ihm gehört (alles), was im Himmel und auf Erden ist.*
Sure 2, 255

*Muhammad ist nicht der Vater von (irgend)einem eurer Männer
(auch wenn dieser sein Nennsohn ist). Er ist vielmehr der Gesandte Gottes und das Siegel der Propheten (d. h. der Beglaubiger*

der früheren Propheten oder der Letzte der Propheten). Gott weiß über alles Bescheid.
Sure 33, 40

Das tägliche fünfmalige Gebet (Salat): Fünfmal am Tag (Morgendämmerung, Mittag, Nachmittag, Abend und Nacht) müssen Muslime das vorgeschriebene Gebet verrichten. Dieses wird begleitet von einer Reihe von Verbeugungen und Bewegungen und wird Richtung Mekka gebetet. Das vorgeschriebene fünfmalige Gebet ist zu unterscheiden von der persönlichen Zwiesprache mit Gott. Dem rituellen Gebet gehen rituelle Waschungen voraus:

Ihr Gläubigen! Wenn ihr euch zum Gebet aufstellt, dann wascht euch (vorher) das Gesicht und die Hände bis zu den Ellenbogen und streicht euch über den Kopf und (wascht euch) die Füße bis zu den Knöcheln! Und wenn ihr unrein seid, dann nehmt eine (entsprechende) Reinigung vor! ...
Sure 5, 6

Die Almosenspende und die Hilfe in Not (Zakat): Die an die Menschen gegebenen Almosen werden laut Sure 2 von Gott vielfach vergolten.

Gott lässt den Zins (des Wucherers) dahinschwinden, aber er verzinst die Almosen (mit himmlischem Lohn). Gott liebt keinen, der gänzlich ungläubig und ein Sünder ist.
Sure 2, 276

Hadithe sprechen sogar davon, dass Gott den Menschen im Jenseits jedes gegebene Almosen hundertfach zurückgibt. Die im Diesseits zu zahlende verpflichtende Höhe der Almosenabgabe ist unterschiedlich. In der Regel sind es zwischen fünf und zehn Prozent des Einkommens.

Das Fasten im Monat Ramadan: Im neunten Monat im muslimischen Mondkalender dürfen Muslime von Sonnenaufgang bis Sonnenuntergang weder essen noch trinken. Ausnahmen gibt es für Kranke, Schwangere bzw. Frauen im Kindbett, Alte und Kinder.

Ihr Gläubigen! Euch ist vorgeschrieben, zu fasten, so wie es auch denjenigen, die vor euch lebten, vorgeschrieben worden ist. Vielleicht werdet ihr gottesfürchtig sein. (Das Fasten ist) eine bestimmte Anzahl von Tagen (einzuhalten). Und wenn einer von euch krank ist oder sich auf einer Reise befindet (und deshalb nicht fasten kann, ist ihm) eine (entsprechende) Anzahl anderer Tage (zur Nachholung des Fastens auferlegt). Und diejenigen, die es (an sich) leisten können, sind (wenn sie es trotzdem versäumen) zu einer Ersatzleistung verpflichtet, (nämlich) zur Speisung eines Armen. Und wenn einer freiwillig ein gutes Werk leistet, ist das besser für ihn. Und es ist besser für euch, ihr fastet, wenn (anders) ihr (richtig zu urteilen) wisst.
2, 183 f.

Die Pilgerfahrt nach Mekka (Hadsch): Einmal im Leben sind volljährige Muslime verpflichtet, wenn irgendwie möglich, nach Mekka zu pilgern und an der großen Wallfahrt teilzunehmen. Diese mehrtägige Wallfahrt im zwölften Monat des muslimischen Kalenders besteht aus zahlreichen vorgeschriebenen Zeremonien und endet mit dem Opferfest, dem höchsten muslimischen Feiertag.

Und (damals) als wir dem Abraham die Stätte des Hauses (der Ka`ba) anwiesen (und ihm die Verpflichtung auferlegten): ,Geselle mir nichts (als Teilhaber an meiner Göttlichkeit) bei und reinige mein Haus für diejenigen, die die Umgangsprozession machen und (andächtig im Gebet) stehen, und die sich verneigen und niederwerfen! Und ruf unter den Menschen zur Wallfahrt auf, damit sie (entweder) zu Fuß zu dir kommen, oder auf allerlei hageren (Kamelen reitend), die aus jedem tief eingeschnittenen Passweg daherkommen! Und sie sollen dabei bezeugen, dass sie allerlei Nutzen (davon) haben, und in einer bestimmten Anzahl von Tagen (beim Schlachten) den Namen Gottes über jedem Stück Vieh aussprechen, das er ihnen beschert hat. – Esst (selber) davon, und gebt (auch) dem Notleidenden und Armen (davon) zu essen! – Hierauf sollen sie die (durch den Weihezustand bedingte) körperliche Verwahrlosung abstellen (und Haare und Nägel schneiden), ihre Gelübde erfüllen und den Umgang um das alt(ehrwürdige) Haus machen.'
Sure 22, 26–29

Die Entwicklung des Islam
nach dem Tod des Propheten bis heute

Muhammad starb, ohne einen männlichen Erben zu hinterlassen oder selbst einen Nachfolger zu bestimmen. Auch verfügte er kein Procedere, wie seine Nachfolger zu ermitteln wären. „Die Nachfolgefrage sollte die muslimische Gemeinde in der Folge in schwere innere Konflikte führen, ja zu Bürgerkriegen und letztendlich zu ihrer Spaltung." (Prenner, S. 67). Die zwei gegenläufigen Geschichtsbilder sind das Kalifat der *Sunniten* (rund 85 Prozent der weltweiten 1,6 Milliarden Muslime bekennen sich heute zu den Sunniten) und die Imam-Reihe der *Schiiten* (heute sind ca. 10 Prozent der Muslime Schiiten).

Schon bei der Bestimmung des ersten *Kalifen* (arab. „Nachfolger") gab es Stimmen, die den Vetter und Schwiegersohn des Propheten *Ali ibn Abu Talib* zu seinem Nachfolger machen wollten. Der Großteil der Muslime sprach sich jedoch dagegen aus, und so wurde der viel ältere *Abu Bakr*, der treue Freund und Wegbegleiter Muhammads sowie Vater von Aischa, zum ersten Kalifen bestimmt (Abu Bakr war ungefähr 61 Jahre, während Ali erst 34 Jahre alt war). Zwei Jahre später starb Abu Bakr und auch bei den zwei weiteren Nachfolger-Besetzungen (*Umar ibn al-Chattab*, gest. 644 und *Uthman ibn Affan*, gest. 656) wurde Ali übergangen.

In den über 20 Jahren seit Muhammads Tod breitete sich der Islam weit über die Grenzen Arabiens bis nach Persien, Anatolien und in den heutigen Libanon aus. Uthman machte sich durch ungerechte Beuteverteilungen und Bevorzugung der eigenen Sippe bei der Besetzung von Machtpositionen viele Feinde. So wurde er im Jahre 656 in Medina ermordet. Nun war der Weg frei für Ali, der schließlich zum vierten Kalifen gewählt wurde.

Ali war aber nach wie vor eine polarisierende und umstrittene Persönlichkeit. *Muawiya*, der Statthalter von Syrien (er war der Cousin des ermordeten dritten Kalifen) verweigerte Ali und seinen Anhängern die Gefolgschaft. So kam es zu mehreren Kämpfen, und fünf Jahre später wurde auch Ali ermordet. In Folge wurde die Spaltung immer größer. Die Partei um Ali bildete die Gruppe der *Schiiten* (von schiat, arab. „Partei"), die sich fortan Richtung Osten ausbreitete.

Die Gruppe um Muawiya, der der nächste Kalif wurde, bildete die Gegenbewegung der Sunniten (von sunna, arab. „Brauch"). Muawiya schuf auch die Erbfolge, und die von ihm begründete Dynastie der *Umayyaden* stellte ein knappes Jahrhundert lang alle Kalifen. In dieser Zeit wurde die Residenzstadt von Mekka nach Damaskus verlegt. Im Jahre 710 drangen die islamischen Heere der Umayyaden über Nordafrika bis nach Spanien vor und nur wenig später hatten die Muslime bereits die gesamte iberische Halbinsel erobert.

Im Jahre 750 begann die Herrschaft der *Abbasiden,* und Bagdad wurde die neue Hauptstadt des Reiches. Das Ende des Abbasidenreiches fiel ungefähr mit dem Ende der Kreuzzüge im 13. Jh. zusammen. 1288 wurde das *Osmanische Reich* gegründet. 1453 fiel Konstantinopel. Im Jahr 1529 standen die Türken erstmals vor den Toren Wiens. 1683 wurden sie dort vernichtend geschlagen und in weiterer Folge auch fast vollständig aus den Balkanländern verdrängt.

Ende des 1. Weltkrieges wurde das Osmanische Reich aufgelöst. Einige Länder des Nahen Ostens wurden der englischen oder französischen Kolonialherrschaft unterstellt. Atatürk schaffte im Jahre 1924 das Kalifat endgültig ab.

Nach dem Zweiten Weltkrieg kam es zu zwei unterschiedlichen Entwicklungen in den muslimischen Staaten des Orients: Zum einen wurde 1945 die arabische Liga gegründet. Zum anderen entstand auf dem Gebiet des ehemaligen Palästina der jüdische Staat Israel. Israel war fortan immer wieder Schauplatz von blutigen Auseinandersetzungen.

Auch Spannungen zwischen muslimischen und westlichen Gruppierungen verursachten in den letzten Jahrzehnten viel Blutvergießen. Nicht zuletzt waren und sind diese Auseinandersetzungen zwischen Muslimen bzw. muslimischen Gruppen oder Staaten und der westlichen Welt auch ein Kultur- und Gesellschaftskampf. Ebenso wenig wie viele westliche Menschen heute die Lebensweise und die religiösen Praktiken islamischer Gesellschaften arabischer Prägung akzeptieren, verstehen einzelne muslimische Gruppierungen und Regime die westliche Lebensweise. Ein Ende der Auseinandersetzungen ist derzeit nicht in Sicht.

ECHNATON

In der Mitte des 14. Jh. v. Chr. war *Amenophis IV.* Pharao in Ägypten. Nach seiner Hinwendung zum Monotheismus änderte er jedoch seinen Namen auf *Achanjati*, wie die ägyptische Aussprache gelautet haben dürfte. Bekannter ist die deutsche Schreibweise von Achanjati, *Echnaton*.

Echnaton hatte eine große Aversion gegenüber den Göttern seines Landes. So versuchte er, deren Verehrung einzudämmen bzw. ganz zu verbieten. Stattdessen propagierte er den alleinigen Gott *Aton*, der in Gestalt der Sonne verehrt wurde.

Große Teile der Biografie Echnatons sind heute nicht mehr rekonstruierbar. Hauptsächlich beziehen sich die Quellen auf die 17 Jahre, in denen er Pharao in Ägypten war, wenn auch aus dieser Zeit wichtige Eckdaten nicht überliefert sind.

Das Leben Echnatons

Echnaton gehörte zur mächtigen 18. Dynastie, unter der in Ägypten das Neue Reich (ca. von 1530 bis 1070 v. Chr.) entstand. Sein Großvater war Pharao *Thutmosis IV.* und sein Vater *Amenophis III.*, dessen Regentschaft rund 38 Jahre währte. Es war eine Zeit der wirtschaftlichen Blüte und des relativen Friedens. Das ägyptische Reich erstreckte sich von Syrien bis ins heutige Äthiopien. Unter Amenophis III. entstanden zahllose monumentale Prachtbauten wie z. B. der Tempel von Luxor, der zu Ehren des Gottes Amun erbaut wurde.

Das genaue Geburtsjahr Echnatons ist nicht überliefert. Sein Vater, Pharao Amenophis III., schloss, wie in damaliger Zeit üblich, mehrere politische Ehen. Zur Hauptfrau bzw. Königsgemahlin nahm er aber *Teje*, die vermutlich dem bürgerlichen Stand angehörte. Teje war die Mutter Echnatons und wird in den Quellen als starke Persönlichkeit beschrieben, die bei der Regierung des Reiches eine bedeutende Rolle einnahm.

Über Kindheit und Jugend Echnatons können nur Vermutungen angestellt werden. Die Büsten und Bildnisse, die ihn darstellen, zeigen eine zarte Natur, die eher „hässlich" (Bille-De-Mot, S.≈38) war. Ob er, wie damals bei Kronprinzen üblich, in Memphis eine militärische Ausbildung bekam, ist nicht gesichert. Möglicherweise wurde er auch von Priestern erzogen, was sein großes religiöses Interesse erklären würde.

Es spricht einiges dafür, dass Echnaton bereits vor seiner Thronbesteigung mit *Nofretete* vermählt war. Bei der Hochzeit soll sie 19 Jahre, Echnaton aber erst 14 Jahre alt gewesen sein. Sie gebar ihrem Gemahl sechs Töchter, aber keinen Sohn. Ab dem 12. bzw. 14. Jahr der Regentschaft Echnatons gibt es keine Aufzeichnungen mehr über Nofretete. Möglicherweise kann daraus geschlossen werden, dass sie zu dieser Zeit verstarb. Vielleicht wurde sie aber auch von ihrem Gemahl verstoßen oder wandte sich selbst von ihm ab.

Neben Nofretete hatte Echnaton noch andere Frauen. Seinen einzigen Sohn dürfte er mit seiner großen Geliebten *Kija* gehabt haben. Diese gebar ihm *Tutanchamun*, der später auch einer der Nachfolger seines Vaters wurde. Die Totenmaske Tutanchamuns gehört neben den Pyramiden und der Sphinx von Gizeh wohl zum Bekanntesten, was die Menschen heute noch von der altägyptischen Welt kennen.

Echnaton gehörte zu einer der damals mächtigsten Familien der Welt und wurde als Kronprinz schon seit seiner Kindheit auf die künftige Rolle als Pharao vorbereitet. Die letzten Jahre der Regierungszeit seines Vaters Amenophis III. waren gekennzeichnet von Altersschwäche und Krankheiten. Wahrscheinlich führte Echnaton bereits in dieser Zeit die Amtsgeschäfte. Es gibt auch Hinweise für eine längere Phase der gemeinsamen Regentschaft von Amenophis III. und seinem Sohn.

Nach Echnatons *Thronbesteigung*, die manche Forscher in das Jahr 1365 v. Chr. datieren (z. B. Brunner, Sp. 439), verbrachte der neue Pharao mehrere Jahre in *Theben*. Anfangs war er ein „klassischer Pharao", der die Religion seiner Vorfahren übernahm und praktizierte. Auch ließ er noch einige Jahre nach seiner Krönung an den großen Bauwerken seiner Zeit weiterarbeiten.

Im dritten oder vierten Regierungsjahr kam es zur *religiösen Revolution*: Zunächst erlaubte Echnaton noch die Verehrung der anderen Götter und es kam nur zu einer Bevorzugung des Sonnengottes *Aton*:

Re kennt den Beauftragten, der auf das Gottesopfer achtet!
Der Beauftragte, der nicht auf das Gottesopfer des Aton achtet,
den gibt er in deine Hand.
Denn man wägt die Zuwendungen für jeden Gott nach Maßen
ab, dem Aton aber gibt man über Gebühr!
Inschrift in Theben (nach Schlögl, S. 51)

In dieser Zeit wurden einzig die Totengötter wie etwa Osiris von Echnaton aus dem religiösen Leben verbannt. Die Verehrung des damaligen Hauptgottes Amun war noch ohne Einschränkungen möglich. Bei der eigentlichen religiösen Revolution, also zu der Zeit, als alle anderen Götter verboten wurden, und Echnaton Aton zum monotheistischen Gott erhob, war der Hohepriester Amuns weit weg von Theben auf einer Expedition. Scheinbar hatte Echnaton den religiösen Umschwung genau geplant und darauf geachtet, dass möglichst wenige Gegner anwesend waren, die diese Revolution hätten verhindern können.

Nach dieser religiösen Neuorientierung kam es zum Bruch mit vielen bedeutenden Personen des Landes: Beamte, Priester und einflussreiche Familien stellten sich gegen die Veränderungen und verloren daraufhin ihre Posten.

Im sechsten Jahr seiner Regierung verließ der Pharao mit seiner Familie Theben und zog in die völlig neu errichtete Stadt *Achetaton* (heute: Tel-el-Amarna). Die neue Hauptstadt lag ca. auf halbem Weg zwischen Luxor nach Kairo, und hier wurde nun ausschließlich Aton verhert. So entwickelte Echnaton fernab der priesterlichen Einflüsse Thebens sein monotheistisches Weltbild weiter. Bekannt ist der sogenannte Sonnengesang des Echnaton, der eine Lobeshymne auf den Sonnengott war:

Schön erscheinst du
im Horizonte des Himmels,
du lebendige Sonne,
die das Leben bestimmt!
Du bist aufgegangen im Osthorizont
und hast jedes Land mit deiner Schönheit erfüllt.

Schön bist du, groß und strahlend,
hoch über allem Land …
Beginn des Sonnengesangs Echnatons (nach Hornung, S. 88)

Der Pharao änderte seinen Namen und nannte sich nicht mehr Amenophis IV., sondern Echnaton. Die Umschreibung dieses Namens lautet „der Aton dient" bzw. „Strahl des Aton". Namensänderungen gab es auch bei den übrigen Mitgliedern der Königsfamilie. So hieß beispielsweise Nofretete (Bedeutung: „die zu uns gekommene Schöne") fortan Nefer-neferu-Aton („Schönheit aller Schönheiten Atons").

Mit der Zeit kam es zur Schließung der anderen Göttertempel und zu einer regelrechten Verfolgung der alten Religion. Vor allem Texte und Statuen von Amun wurden systematisch zerstört. Für das Volk war es sicher schwer, die neue Lehre anzunehmen. „Was immer auch geschah, wir wissen nichts Genaueres darüber. Doch soviel steht fest: der Gottesstaat Echnatons war für die Untertanen keine Idylle." (Schlögl, S. 99)

Echnaton starb im 17. Jahr seiner Regentschaft im Alter von rund 40 Jahren. „Über die Todesumstände des Pharao wissen wir nichts. Doch dürfen wir annehmen, dass sein Leben in großer Einsamkeit und Traurigkeit endete." (Bille-De-Mot, S. 154)

Echnaton und seine Lehre

Echnaton war vielleicht der erste Mensch der Weltgeschichte, der nur an einen einzigen Gott glaubte und alle anderen göttlichen und übernatürlichen Wesen leugnete. Er sah in Aton einen absoluten Gott, der Schöpfer der Welt und Spender allen Lebens war. Das war der Kernaspekt und das Novum seiner Lehre: Es gibt nicht eine Vielzahl von Göttern, die im Götterhimmel ein menschenähnliches Leben führen, sondern einen exklusiven, allmächtigen und ganz anderen Gott.

Bei vielen zentralen religiösen Fragen blieb Echnaton jedoch die Antworten schuldig. „Das Böse, das Unheil, der Tod finden keine Erklärung" (Brunner, Sp. 439) und Echnaton hinterließ auch keine heiligen bzw. offenbarten Schriften (Hornung, S. 59).

So muss aus heutiger Sicht wohl gesagt werden, dass seine Lehre unvollständig war.

Echnaton selbst hatte im Gegensatz zu anderen Religionsstiftern kein Berufungserlebnis. Vielmehr scheint es bei ihm ein längerer Prozess gewesen zu sein von der anfänglichen Erhöhung des einen Gottes, neben dem auch andere verehrt wurden, bis hin zur exklusiven Anerkennung Atons. In den letzten Lebensjahren sah sich Echnaton sogar als *Prophet Atons*, dessen Aufgabe es war, die neue Lehre zu verkünden.

Fast dreieinhalb Jahrtausende nach seinem Tod bleiben viele Fragen: Was war der Grund für den Bruch mit der religiösen Tradition seines Volkes? Warum fühlte sich Echnaton immer mehr zu einem einzigen Gott hingezogen? Wie ging er mit den durch den Religionswechsel bedingten Unannehmlichkeiten wie der Änderung der Hauptstadt, den Konflikten mit den Priestern usw. um? Diese und weitere Fragen können heute wohl nicht mehr beantwortet werden. Auf alle Fälle nimmt Echnaton durch seine religiöse Glaubensrevolution nicht nur unter den ägyptischen Pharaonen, sondern auch unter den Religionsstiftern einen bedeutenden Platz ein.

Was ist von der Lehre Echnatons geblieben?

Bald nach Echnatons Tod, spätestens aber unter der Herrschaft von Tutanchamun, wurde in Ägypten die alte religiöse Ordnung wieder hergestellt und die Verehrung der anderen Götter wieder eingeführt. Über die Rolle Echnatons bei der Entwicklung anderer monotheistischen Religionen gibt es unter den Forschern unterschiedliche Meinungen. Vor allem Mose und damit auch das Judentum stehen nicht nur lokal, sondern auch zeitlich in einem nahen Verhältnis zu Echnaton und zu den rund zehn Jahren, in denen Ägypten monotheistisch war. Ein direkter Zusammenhang zwischen Echnaton und dem Alten Testament kann jedoch nicht hergestellt werden.

ZARATHUSTRA

Die heute zahlenmäßig nur mehr sehr kleine Religion des *Zoroastrismus* geht auf den altiranischen Priester Zarathustra zurück. *Zarathustra*, dessen Name übersetzt etwa „der Kamele leitet" bedeutet, „lebte am Ende des 2. oder zu Beginn des 1. Jahrtausends v. Chr. im Nordostiran (heute Turkmenistan bzw. Kasachstan)" (Hutter, Parismus, Sp. 1393).

Wie auch bei einigen anderen Religionsstiftern gibt es für die Erstellung der Vita des Zarathustra nur wenig brauchbare Quellen. Primär sind die *altavestischen Texte* heranzuziehen, „die mit größter Wahrscheinlichkeit auf Zarathustra selbst als autoritativen religiösen Dichter zurückgehen" (Hutter, Religionen, S. 190). Das *Avesta* – ähnlich der christlichen Bibel in einzelne Bücher unterteilt – ist die heilige Schrift der Anhänger von Zarathustras Religion. Während einige Teile von Zarathustra stammen sollen, gibt es auch viel jüngere Texte, und die Endbearbeitung des Avesta erfolgte erst über 2000 Jahre nach Zarathustras Tod.

Das Leben Zarathustras

Während die heutigen Anhänger Zarathustras Lebenszeit mit 6000 v. Chr. angeben (Golzio, S. 15), datieren Religionswissenschaftler diese zwischen 1800 v. Chr. und 600 v. Chr.: Der Islamgelehrte al-Biruni, der um das Jahr 1000 n. Chr. gelebt hat, gibt als Berufungsjahr 258 vor Alexander dem Großen an. Wenn diese Ansicht stimmt, hätte Zarathustra ca. von 630 bis 553 v. Chr. gelebt. Viel wahrscheinlicher ist jedoch, die Lebenszeit auf den Anfang bzw. die Mitte des 2. Jahrtausends v. Chr. zu datieren.

Zarathustra wurde vermutlich im heutigen Ostiran bzw. im Süden des heutigen Afghanistan als eines von fünf Kindern des *Pourasaspa* und der *Dugdova* aus der Sippe der Spitamiden geboren. Die Überlieferung schmückt die Schwangerschaft Dugdovas legendenhaft aus: Ein Licht sei von ihr ausgegangen, sodass die

Menschen schon vor der Geburt gewusst hätten, welch wunderhaftes Wesen sie gebären werde. Auch hätten böse Mächte versucht, mit Pest und Kriegen die Menschwerdung Zarathustras zu verhindern.

Über seine Kindheit ist wenig bekannt. Zwar gibt es auch hier Legenden, wie die Rettung vor einem bösen Zauberer oder vor wilden Tieren, aber diese Erzählungen zeugen mehr von der bedeutenden Stellung, die Zarathustra für seine Anhänger hatte, als von realen Begebenheiten.

Übereinstimmend berichten die Quellen, wie Zarathustra schon in seiner Jugendzeit zum Priester ausgebildet wurde. In der damaligen polytheistischen Gesellschaft gehörte es zur priesterlichen Aufgabe, den Göttern blutige Tieropfer darzubringen. Aus diesem Grund ist davon auszugehen, dass auch Zarathustra diese Praxis pflegte.

Über sein „privates Leben" ist nicht viel bekannt. Die Texte berichten davon, dass Zarathustra zwei- oder dreimal verheiratet war und drei Söhne und drei Töchter hatte.

Ausgelöst durch ein *Berufungserlebnis* änderte sich im Alter von rund 30 Jahren Zarathustras Leben: Nach einer längeren Zeit des Fastens wollte Zarathustra beim großen Frühlingsfest Wasser schöpfen, als er ganz unvermittelt eine Stimme vernahm. Eine himmlische Gestalt sprach mit ihm und führte ihn zum Schöpfergott *Ahura Mazda*, der ihn belehrte und zur religiösen Erleuchtung führte. Mit dieser Vision, die in den ältesten Quellen als Göttergespräch überliefert ist, gelangte Zarathustra zu tiefen Einsichten über die menschliche Existenz und über das Wesen des Menschen.

Seine gehe ich zunächst bittend an, mit Ehrfurcht die Hände emporgebreitet haltend, des Helfers,
des durch die Wahrhaftigkeit heilvollen Strebens Angehörige alle,
mit dem Opferwerk, o Kundiger,
um dessentwillen du den Geist des guten Gedankens und die Stimme der Kuh anhören mögest.
Der ich euch, o Kundiger Lebensherr, mit gutem Gedanken umschreiten will,
mir gebt der Wahrhaftigkeit gemäß beider Lebensbereiche – des leiblichen und des des Gedankens –

*Glücksgüter, durch die einer seine Freunde in Wohlergehen
versetzen könnte!*
Yasna 28, 1 f. (nach Humbach, S. 76)

Dieser nur schwer verständliche Text beschreibt einen Teil des
Berufungserlebnisses. Es wird geschildert, wie Zarathustra zu-
sammen mit der zum unblutigen Opfer mitgebrachten Kuh zu
Ahura Mazda hintrat und um geistiges und materielles Glück
bat. „Zarathustras Gesänge stecken voll dunkler Wendungen und
Anspielungen und sind als die schwierigsten Texte zu betrachten,
die in einer indogermanischen Sprache überhaupt vorliegen."
(Hasenfratz, S. 19)

In einem *zweiten Schlüsselerlebnis*, einem *Traumschlaf*, offenbarten sich Zarathustra die zwei gegensätzlichen Prinzipien des
Guten und des Bösen. Beide Erlebnisse sah Zarathustra als Auftrag, fortan als *Gesandter Ahura Mazdas* an dem Reich Gottes mit-
zuarbeiten. So lebte er fortan als *Prophet* „mit der Verkündigung
des einen erhabenen und sittlich guten Gottes Ahura Mazda"
(Mensching, S. 159). Dieses Bekenntnis war damit verknüpft,
sowohl der bösen Macht als auch der altiranischen Götterwelt
zu entsagen. So begann Zarathustra damit, den Menschen diese
Lehre der Wahrheit zu verkünden. Rund zehn Jahre lang blieben
seine Bemühungen nicht nur praktisch wirkungslos, sondern
es kam sogar zu *Auseinandersetzungen* zwischen seinen wenigen
Anhängern und den Gegnern: Immer wieder zerstörten die Ge-
genspieler die Weideflächen und die Besitztümer der Anhänger
der neuen Lehre.

Entmutigt von seinen Misserfolgen zog Zarathustra aus seiner
Heimat weg in ein nicht allzu weit entferntes Gebiet. Anfangs
gab es auch dort wenige Erfolgserlebnisse. Schließlich nahm ihn
der Stammesfürst *Vistaspa* auf und unterstützte ihn in seiner Be-
strebung, Seelen für Ahura Mazda zu erwecken. Dadurch änderte
sich sein Schicksal. Die Quellen berichten, wie Zarathustra im
Alter von 42 Jahren die ersten größeren Missionserfolge hatte.

Neben den religiösen Reformen strebte Zarathustra auch
eine Veränderung der Lebensweise an: Er wollte die Nomaden
und Halbnomaden zur Sesshaftwerdung führen. So beschützte
er Rinder und andere Tiere vor den blutigen und grausamen
Opferpraktiken der altiranischen Priester:

Nicht sind die Karapans [= Priester der alten Religion] *Bundesgenossen, die sich der Weide und den Bestimmungen angemessen verhalten. Der Kuh des Frommen sind sie verderblich mit ihren Werken und ihren Verkündigungen. Eine solche Verkündigung wird sie schließlich ins Haus des Truges bringen.*
Yasna 51, 14 (nach Humbach, S. 154)

Wie Mose, der möglicherweise ein Zeitgenosse Zarathustras war, und wie viele Jahrhunderte nach ihm Muhammad lebte also auch Zarathustra in einer Übergangszeit vom Nomadentum zur Sesshaftwerdung. Solche Umbruchszeiten sind immer verbunden mit einem Wertewandel. So verwundert es nicht, dass Zarathustra einen doppelten Dualismus lehrte: Den bereits erwähnten Dualismus zwischen guter und böser Welt sowie einen zweiten zwischen der geistigen und der körperlichen Welt. „Das unerhört Neue in dieser Religionswelt Zarathustras liegt darin, dass hier zum Unterschied von den naiven Volksreligionen, die die Welt in ihrem Sosein kritiklos hinnehmen, mit dem Tiefenblick des religiösen Genius die generelle Situation der Welt darin gesehen wird, dass diese Welt erst auf dem Weg zu ihrer gottgesetzten Bestimmung ist" (Mensching, S. 156).

Zarathustra wurde von der Priesterschaft sowie von den Nomaden und Halbnomaden angefeindet und verfolgt. Die genannten Verwüstungen von Weiden, Gebäuden und Habseligkeiten war für die Nomaden eine Konsequenz aus ihrem Bestreben, an der traditionellen Lebensweise festzuhalten. Bis zu Zarathustras Tod war der Konflikt mit den Nomaden ein bestimmendes Thema. So wird berichtet, wie Zarathustra im Alter von 77 Jahren von einem seiner Feinde ermordet wurde.

Grundzüge der Lehre des Zarathustra

Der Zoroastrismus ist eine Religion mit stark monotheistischen Zügen, die vom Kampf des Guten mit dem Bösen geprägt ist. Allerdings wird der Herr des Guten, Ahura Mazda, am Ende über das Böse siegen. Die Menschen können sich frei zwischen diesen beiden Polen entscheiden und sollen zum Sieg des Guten über das Böse beitragen. Nach dem Leben gibt es das

Jüngste Gericht sowie eine gute und eine finstere jenseitige Welt:

> *Wenn einer zu einem Wahrhaften kommt, so wird daraufhin*
> *Glücksglanz sein Besitz.*
> *Ein langes Leben im Bereiche der Finsternis, üble Speisen und*
> *das Wort „Wehe" – –*
> *zu solchem Leben wird euch, ihr Trughaften, auf Grund eurer*
> *Taten eure Gesinnung führen.*
> Yasna 31, 20 (nach Humbach, S. 94)

Im Kern der Ethik des Zarathustra steht die Triade von Gedanken, Worten und Werken, d. h. anzustreben sind gute Gedanken, gute Worte und gute Handlungen.

Die auf Zarathustra zurückgehende Religion: Der Zoroastrismus

„Aspekte der Lehre Zarathustras sind in die monotheistischen Weltreligionen eingeflossen, so dass manches der Verkündigung dieses Religionsstifters bis heute indirekt Weltreligion ist" (Hutter, Religionen, S. 244). Heute gibt es zwei Hauptgruppen der Religion Zarathustras: Im Iran lebend die *Iranis* und in Indien die *Parsen*. Zusammen mit den in Nordamerika lebenden Parsen gibt es heute weltweit rund 100.000 Anhänger Zarathustras.

MAHAVIRA

Der *Jainismus* (mitunter auch Jinismus bezeichnet) ist eine anti-brahmanische religiöse Reformbewegung, die nahezu gleichzeitig mit dem Buddhismus entstanden ist und auf Mahavira zurückgeht. Mahavira gilt als der letzte der 24 *Jinas* (Sieger, Überwinder) bzw. *Tirthamkaras* (Wegbereiter durch den Ozean der Wiedergeburten) unseres Zeitalters. Von Jina stammt auch der Name „Jani", der jemanden bezeichnet, der die Lehre von Jina befolgt bzw. der Terminus „Jainismus".

Im Westen ist der Jainismus unter anderem durch *Mahatma Gandhi* bekannt geworden, der – inspiriert von dem im Jainismus gelehrten Gebot der Gewaltlosigkeit – selbst einen gewaltlosen Weg der Gesellschaftsveränderung gegangen ist (Rothermund, S. 12). Da der auf Mahavira zurückgehende Jainismus in Indien noch immer verbreitet ist (Quellen sprechen von rund vier bis fünf Millionen Anhängern), gilt diese Religion als eine der ältesten der Welt. Obwohl sie zeitgleich mit dem Buddhismus entstanden ist, hat sie bis heute außerhalb des indischen Subkontinents keine nennenswerte Verbreitung gefunden.

Das Leben Mahaviras

Die Geburts- und die Sterbedaten von Mahavira werden in den Quellen „der einstimmigen Tradition zufolge" mit 599 v. Chr. und 527 v. Chr. angegeben (Balbir, S. 452). Manche Forschungen gehen mittlerweile jedoch davon aus, dass Mahavira von 497 bis 425 v. Chr., also rund 100 Jahre später gelebt hat. Andere Quellen wiederum nennen dazwischenliegende Daten. Tatsache ist, dass Mahavira in einer ähnlichen Zeit wie Buddha gelebt hat und auch die Lebenswege der beiden großen Religionsstifter ähneln sich in gewisser Weise.

In den beiden großen Jaina-Schulen (die *Digambaras*, die Luftbekleideten bzw. die Nackten und die *Shvetambaras*, die

Weißgekleideten) differieren die Angaben über Mahaviras Leben in vielen Details (Tworuschka/Tworuschka, S. 304). Als Geburtsort wird jedoch übereinstimmend *Kundapura*, ein Ort im heutigen Nordosten Indiens, genannt. Seine Familie war adelig und gehörte so zur Gruppe der Kshatriya. Sein Vater war König *Siddartha* und seine Mutter Königin *Trishala*. Was genau mit König und Königin gemeint ist, ist heute umstritten. Mit Sicherheit ist Mahavira in einer sehr gut situierten adeligen Familie als Prinz aufgewachsen. Ob es sich um ein größeres Königtum oder um ein kleineres Gebiet gehandelt hat, sei dahingestellt. Übereinstimmend wird auch berichtet, dass Siddharta und Trishala sehr religiöse Menschen und Anhänger von *Parshvanata* gewesen sind. Parshvanata gilt als der Vorgänger von Mahavira als Tirthamkara.

Ähnlich wie bei anderen Religionsstiftern gibt es auch um die Geburt und die Kindheit von Mahavira ein mannigfaltiges Legendentum. So soll Trishala vor der Geburt mehrere Träume gehabt haben (die genaue Anzahl differiert und wird zumeist mit 14 bis 16 angegeben), die die Erhabenheit ihres außergewöhnlichen Sohnes ankündigten. Die Geburt selbst soll unter astrologisch günstigen Vorzeichen (Bätz, S. 38) im Jahre 599 v. Christus stattgefunden haben.

Nachdem es in der Zeit der Schwangerschaft Trishalas einen steigenden Wohlstand im Land gab und so auch der Reichtum seines Vaters zugenommen hatte, gaben seine Eltern ihm den Namen *Vardhamana*, was soviel wie „der Wachsende" heißt.

Mahavira wuchs in fürstlichem Prunk auf und war ungemein stark und mutig. So soll er unter anderem als Kind mit bloßen Händen eine große Schlange genommen und zur Seite geworfen haben. Ein andermal wird erzählt, wie Mahavira mit anderen Kindern gespielt hat. Plötzlich kam ein wild gewordener Elefant in den königlichen Garten. Alle Kinder liefen davon, nur Mahavira stellte sich dem wütenden Tier entgegen und war sogar da noch furchtlos, als der Elefant versuchte, nach ihm zu treten. Vielmehr fasste er ihn bei seinem Rüssel und kletterte auf ihn, um alsbald die Gefahr zu beseitigen.

Nach der Tradition der Shvetambaras war Mahavira mit *Yasodha* verheiratet und hatte eine Tochter Namens *Anojja*. Laut Digambara-Tradition war er hingegen unverheiratet.

Im Alter von 28 Jahren starben beide Eltern. Daraufhin wollte Mahavira dem Reichtum und dem Wohlstand entsagen um einen *asketischen Weg* einzuschlagen. Manche Erzählungen berichten, dass Mahavira diesen spirituellen Weg schon zu Lebzeiten seiner Eltern gerne gegangen wäre, dies aber aus Rücksicht auf diese unterlassen habe. Nach dem Tod seiner Eltern trauerte sein Bruder so sehr um diese, dass er Mahavira bat, noch nicht gleich Asket zu werden. So blieb Mahavira noch zwei Jahre im Haus, soll jedoch schon ein von der Welt losgelöstes Leben geführt haben.

Im Alter von 30 Jahren begann das asketische Wanderleben. Es dauerte zwölf Jahre und war geprägt von Selbstkasteiungen und diversen Widerständen von Mensch und Natur. Es ist überliefert, dass Mahavira in einer durch die Götter geleiteten Zeremonie zum Asketen wurde. „Zu dieser Initiation gehörte es, dass Mahavira all seinem Besitz entsagte und sich sogar die Kopfbehaarung ausriss. Noch heute reißen sich jainistische Novizen, die sich der Askese verschreiben, in ihrer Initiationszeremonie die Kopfhaare aus." (Partridge, S. 167) Laut einer anderen Tradition legte Mahavira nach 13 Monaten seine gesamten Kleider ab. Aus diesem Grund vollziehen Anhänger des Jainismus bis heute manche religiöse Zeremonien völlig nackt.

Mahavira zog fastend und bettelnd durch die östlichen Gegenden des Ganges, um einen Weg aus dem Ozean der Wiedergeburten zu finden. Die Legenden beschreiben, wie er mannigfaltige Qualen erduldete und großmütig all jenen vergab, die ihn gequält hatten. Auch verlor er nie seine Ruhe, war frei von Hass und meditierte täglich viele Stunden.

Nach zwölf Jahren erreichte der inzwischen 42-jährige unter einem Baum meditierend die Allwissenheit. Seit dieser Zeit trägt er den Titel Mahavira (großer Held) bzw. Jina (Sieger, Überwinder). Die letzten 30 Jahre seines Lebens verkündete er seine Heilsbotschaft von der Befreiung aus dem Kreislauf der Wiedergeburten. Er gewann zahlreiche Anhänger und war mit seiner Mission besonders bei den Adeligen erfolgreich, was zu einer raschen Ausbreitung seiner Lehre führte. „Bereits zu Lebzeiten wuchs der von ihm gegründete *Jaina-Orden* stark an. Dieser bestand aus Mönchen, Nonnen sowie männlichen und weiblichen Laienanhängern. Elf religiöse Oberhäupter unterstützten den

Meister und standen neun ‚Scharen' vor. 14.000 Mönche, 36.000
Nonnen, 159.000 männliche und sogar 318.000 weibliche gehörten
zur Urgemeinde Mahaviras." (Tworuschka/Tworuschka, S. 304)
    Über seinen Tod wird berichtet, dass Mahavira der Nahrung
entsagte und auf diese Weise 72-jährig mittels Sterbefasten sein
Leben beendete – so wie es seine Eltern manchen Quellen zufolge
44 Jahre davor auch schon getan hatten.

Die Lehre des Jainismus

Die Lehre des Jainismus kennt keinen persönlichen Gott. Die
Welt ist ewig und Ziel ist die Befreiung aus dem Kreislauf der
Wiedergeburten. Im Jainismus stehen sich die zwei Prinzipien
des Geistigen und des Ungeistigen gegenüber. Die ursprünglich
reine Seele wurde durch Karma verschmutzt und kann nur durch
sittliches Leben und strenge Askese wieder gereinigt werden. So
steht im Zentrum der Lehre eine konsequente Askese, die bis hin
zum Sterbefasten gehen kann, eine strikte Befolgung der Gewaltlosigkeit und ein großer Respekt gegenüber allen Lebewesen. Aus
diesem Grund ist auch eine streng vegetarische Ernährung selbstverständlich. „Es darf sogar nur Gemüse gegessen werden, das
über der Erde wächst, könnte sich doch in einem Wurzelgemüse
irgendein Lebewesen befinden." (Rüfenacht, S. 89) „Nichtverletz-
ten ist die höchste Religion", fassen Tworuschka/Tworuschka
die Lehre des Jainismus zusammen. (Tworuschka/Tworuschka,
S. 305) Das ist auch der Grund, warum manche Jainamönche
Mundtücher tragen, um keine Insekten zu verschlucken und mit
einem Wedel die Kleinstlebewesen von ihrem Weg wegwischen.
    Unter „Jina" bzw. „Tirthamkara" versteht der Jainismus jene
Wegbereiter, „die durch Askese die Allwissenheit erlangt haben
und die Lehre predigen und verbreiten, durch die jeder zum
letzten Ziel der Erlösung geführt werden kann." (Balbir, S. 451)
Eine Heilige Schrift der Jainas, das *Kalpa Sutra*, nennt 24 Tirthamkaras, von denen Parshvanata ihr vorletzter und Mahavira ihr
letzter war.
    Die Mönche legen zu Beginn ihres Noviziats fünf große Ge-
lübde ab, welche die Essenz der jainistischen Prinzipien und des
moralischen Lebens enthalten:

1. *Keine Lebewesen schädigen.*
2. *Nicht lügen.*
3. *Sich nicht aneignen, was einem nicht gegeben wurde.*
4. *Keinen sexuellen Verkehr haben.*
5. *Nicht nach Besitz streben.* (Balbir, S. 456)

Für Laien gibt es ähnliche Prinzipien, nur dass die letzten beiden differieren: Statt keinen sexuellen Verkehr zu haben lautet das Gebot „Es nicht an der ehelichen Treue fehlen zu lassen" und das Verbot des Besitzstrebens lautet für Laien „nicht mehr Besitz zu erstreben als notwendig." (Balbir, S. 457)

Die auf Mahavira zurückgehende Religion: Der Jainismus

Mahavira übertrug die Führung seiner Gemeinde laut Überlieferung an elf Schüler, deren Leiter *Gautama Indrabhuti* war. Später gab es mehrere dogmatische Spaltungen, sodass der Jainismus heute trotz seiner zahlenmäßig geringen Ausprägung in verschiedene rivalisierende Gruppen geteilt ist. Vor allem im Mittelalter war der Jainismus sehr einflussreich, stand jedoch immer im Schatten des Buddhismus.

Heute zählt der Jainismus rund vier bis fünf Millionen Anhänger, deren Großteil in Indien und in Sri Lanka lebt und nicht selten der Elite angehört. „Tempel und Gemeinden der Jainas finden sich in beinahe allen der größeren indischen Städte." (Bätz, S. 13) In Medienberichten finden die nackten „Luftbekleideten" Jainamönche ebenso häufig Erwähnung wie die *Swastika* (ein nicht nur im Jainismus verwendetes Hakenkreuzsymbol), die Tierhospitäler, die radikal asketischen Praktiken oder die konsequent gelebte Gewaltlosigkeit.

KONFUZIUS

Der Name *Konfuzius* ist die latinisierte Schreibform von Kong Fuzi, und heißt soviel wie „Meister Kong" (eine andere Schreibweise lautet Kung-fu-tse). Konfuzius war der erste große Philosoph Chinas und lebte von 551–479 v. Chr. Als Kong Qiu in der Provinz Shandong (Osten der Volksrepublik China) geboren, lebte er in einer Zeit des politischen Umbruchs. Konfuzius gründete eine Schule für Philosophie und war auf der Suche nach verbindlichen Normen für das Zusammenleben der Menschen.

Um das Leben dieses großen chinesischen Philosophen ranken sich viel mehr Legenden als gesicherte Aussagen gemacht werden können. Die *Lunyu* (Analen bzw. Gespräche des Konfuzius), in denen seine Lehrreden bzw. Lehrgespräche niedergeschrieben sind, fußen zwar auf älteren Quellen, sie wurden aber erst im 2. Jh. n. Chr. redigiert. Auch im großen chinesischen Geschichtswerk *Shi chi* (Shiji) des Sse-ma Tjien aus dem 1. Jh. v. Chr. wurde ihm ein eigenes Kapitel gewidmet. Das Bild, das diese und einige andere Überlieferungen über Konfuzius zeichnen, sieht folgendermaßen aus:

Das Leben des Konfuzius

Im Jahre *551 v. Chr.* wurde Konfuzius in *Tsche-fo* (Qufu) im Staat Lu in der Provinz Shandong als Sohn des Statthalters *geboren*. Sein Vater hatte aus erster Ehe einen verkrüppelten Sohn, der jedoch wegen seiner Behinderung nicht das Ahnenopfer verrichten durfte. So heiratete er 70-jährig eine viel jüngere Frau, die ihm im Alter von 17 Jahren einen Sohn (Konfuzius) schenkte. Der Überlieferung zufolge bekam Konfuzius den Namen Qiu deshalb, weil sein Kopf die Form bzw. die Auswölbung eines Hügels hatte (Qiu heißt soviel wie „Hügel").

Im Alter von drei Jahren starb sein Vater, und die Familie geriet durch den plötzlichen Tod in große Not. Die Kindheit war geprägt von *bitterer Armut* und von der strengen Erziehung der Mutter. Konfuzius wird als sehr *wissbegierig* geschildert und soll schon in seiner Jugend reges Interesse an religiösen Zeremonien und Opfergegenständen gezeigt haben. Im Alter von 17 Jahren wurde er Beamter und musste die Getreidevorräte seines Lehnherren verwalten. Durch die gewissenhafte Art, mit der er seine Tätigkeit ausübte, wurde er befördert. Jede freie Stunde nutzte er jedoch, um zu lesen und zu studieren. Es wird berichtet, „dass er sich bald das gesamte überlieferte Wissen seiner Zeit angereichert hatte" (Faßnacht, S. 26.). Entsprechend den damaligen Sitten heiratete Konfuzius im Alter von 19 Jahren. Es war jedoch keine Liebesheirat, und so trennte er sich alsbald von seiner Frau. Auch hatte er kein gutes Verhältnis zu *Li*, seinem einzigen Sohn, der einige Jahre vor Konfuzius starb.

Im Alter von 22 Jahren konnte Konfuzius sein Arbeitsverhältnis beenden und fortan als Gelehrter seinen Unterhalt verdienen: Wie es damals üblich war, lebte er von den Spenden derer, die seine Schüler waren bzw. die seine Lehrreden hörten. Über die *Anzahl der Schüler* gibt es unterschiedliche Überlieferungen. Manchmal wird von 72 Schülern berichtet. Diese Zahl könnte jedoch eine Symbolzahl sein, denn 72 steht für 72 Tage, was ein Fünftel des Jahres ist. Mit 72 Jahren wird übrigens auch die Lebenszeit des Konfuzius angegeben. Neben dieser Zahlenangabe gibt es auch Schriften, die von mehreren tausend Schülern berichten und andere, die genau 25 Schüler namentlich nennen.

Politische Unruhen zwangen Konfuzius, für einige Zeit das Land zu verlassen. Überhaupt war diese Zeit, die durch die Verlegung der Hauptstadt in das östlich gelegene Luoyang auch als östliche Zhouzeit (771–221 v. Chr.) bezeichnet wird, eine politisch sehr unruhige Epoche: Rivalisierende Gruppen rangen um die Macht, und es kam auch zu großen sozialen Veränderungen: Erstmals war es möglich, Grund und Boden käuflich zu erwerben, was sowohl Neureichtum förderte als auch zu bitterer Armut führte. So wurde diese Zeit auch als Zeit des politischen Niedergangs empfunden und immer wieder beschrieben.

Nach seiner Rückkehr lebte Konfuzius viele Jahre in Lu, wo er auch lehrte. Er war in *Zeiten des politischen Niedergangs* auf der Suche nach dem idealen Staat. Konfuzius lehrte, wie die soziale Ordnung wiederhergestellt werden könnte, indem die Menschen das rechte Verhalten gelehrt bekommen. So trug er den einfachen Menschen und den politischen Amtsträgern seine Thesen vor. Vielfach war man von seiner Lehre begeistert und bot ihm öffentliche Ämter an. Diese lehnte er jedoch entweder selbst ab oder sie wurden ihm durch Intrigen verwehrt. Erst im Jahre 501 v. Chr. nahm er ein ihm angebotenes *Bürgermeisteramt* an und wurde wenig später sogar *Justizminister*, was damals so etwas wie die Funktion eines höheren Aufsichtsbeamten gewesen sein dürfte. Nach kurzer Zeit musste er dieses Amt jedoch niederlegen und seine Heimat verlassen. Heute wird vermutet, dass ein durch Intrigen verursachtes Zerwürfnis mit dem Herrscher der Grund für sein politisches Abtauchen war.

Nach dem Weggang aus seiner Heimat begannen die *Wanderjahre*. Konfuzius trug – ähnlich wie zahlreiche andere Wandergelehrte seiner Zeit – den politischen Amtsträgern seine Lehre vor. Er wurde aber wenig gehört und erhielt auch keine öffentliche Anstellung mehr. Überhaupt war diese Zeit für ihn nicht leicht, denn die Lebensform des Wanderers war im Grunde nicht die seine. Vielmehr wollte er studieren und als Gelehrter an einem Ort wirken.

Schließlich reiste Konfuzius wieder nach Lu. Dort zog er sich zurück, um die chinesische Geschichte zu studieren und die Lieder seines Volkes zu sammeln. Die *alten Schriften, Musik* und *Geschichte* waren seine bevorzugten Interessen. Mit Wahrsagerei und mit magischen Praktiken dürfte er sich jedoch im Gegensatz zu vielen seiner Zeitgenossen nicht beschäftigt haben.

Im Jahre *479 v. Chr. starb Konfuzius* einsam und in der Gewissheit, dass die Menschen wenig bis kein Interesse an seinen Lehren hatten. Er wurde auf dem Friedhof seiner Familie in Kufou begraben. Seine Familie besteht bis heute, und seine Nachkommen leben bereits in der 75. Generation. In manchen Büchern findet man die Aussage, die Familie Kong hätte den ältesten durchgehenden Familienstammbaum der Welt.

Konfuzius: der Mensch und Grundzüge seiner Lehre

Was kann 2500 Jahre nach seinem Tod heute noch über Konfuzius gesagt werden? Zum einen gibt es einen großen *Unterschied* zwischen ihm und den anderen in diesem Buch dargestellten *Religionsstiftern*: Im Gegensatz zu den anderen trat Konfuzius

„nicht mit einer durch Offenbarung vermittelten Heilslehre auf, sondern mit einem durch Studium selbst erworbenen Wissen" (Mensching, S. 240). Konfuzius hatte weder ein Berufungserlebnis, noch erhielt er seine Botschaft von Engelwesen oder von Gott selbst. Vielmehr war das Studium die Quelle seiner Weisheit.

Konfuzius war auf der Suche nach Werten, die für alle Menschen Gültigkeit haben: Er lehrte „Treue (zhong) und Gegenseitigkeit (shu) ..., Kindesehrfurcht (xiao) und das Ideal des Edlen (junzi)" (Friedrich, Sp. 244). Eine seiner zentralen Aussagen ist die auch im biblischen Buch Tobit 4,15 überlieferte und später von Sokrates und von Jesus von Nazaret gelehrte *Goldene Regel*. Im Gegensatz zu Jesus verwendete Konfuzius jedoch die Negativform:

> *Zi-gong fragte den Konfuzius: „Gibt es ein Wort, das ein ganzes Leben lang als Richtschnur des Handelns dienen kann?"*
> *Konfuzius antwortete: „Das ist ,gegenseitige Rücksichtnahme'. Was man dir nicht antun soll, will ich auch nicht anderen Menschen zufügen."*
> Lunyu, XV, 23 (nach Moritz, S. 118)

Ebenso wie die gesamte Ethik des Konfuzius beruht auch diese Aussage auf der Vorstellung, dass der Mensch das Gute tut, wenn er es nur erkennt. So bildete für ihn die Gelehrsamkeit die Quelle der Erkenntnis.

Über den *Charakter des Konfuzius* wird Unterschiedliches berichtet. Zum einen war er der weise Gelehrte, der sozusagen „über den Dingen" stand. Zum anderen erstaunen manche Aussagen im Lunyu und zeichnen ein etwas anderes Bild: So etwa, wenn er manche seiner Schüler folgendermaßen bezeichnet:

> *Konfuzius sprach: „Zi-gao ist ein Tor, Zeng Shen ist ungebildet, Zi-zhang spontan und einseitig in seinem Urteil und Zi-lu grob und unhöflich."*
> Lunyu, XI, 18 (nach Moritz, S. 90)

Neben dieser Äußerung sind noch manche menschliche Seiten des Konfuzius aus den überlieferten Schriften herauszulesen. Diese dürfen aber nicht darüber hinweg täuschen, dass er Zeit seines Lebens auf der Suche nach der Weisheit war:

Konfuzius sprach: „Ich bin nicht mit dem Wissen geboren. Ich liebe das Altertum und erforsche es mit Eifer."
Lunyu, VII, 20 (nach Moritz, S. 71)

Die auf Konfuzius zurückgehende Religion: Der Konfuzianismus

Der Terminus *Konfuzianismus* ist eine Bezeichnung westlicher Prägung und geht zurück auf die Missionstätigkeit der Jesuiten in China ab dem 17. Jh. An sich würde der Name suggerieren, dass es sich um eine auf eine Person zurückgehende geschlossene Lehre handelt, die nach dessen Tod allenfalls erweitert oder modifiziert wurde. Das ist jedoch im Konfuzianismus nicht der Fall. Ähnlich wie der Terminus Hinduismus als Dachbegriff viele heterogene Religionen und Kulturen einschließt, vereint auch Konfuzianismus in sich viele verschiedene Religionen und Philosophien (Friedrich, Sp. 244). Ein besserer Name für den Konfuzianismus wäre *Lehre der Gelehrten* (Emmerich, S. 162), was auf eine der zentralen Tätigkeiten der Konfuzianer hinweist: „Sie sammeln, bewahren, editieren und überliefern. Und zwar von alters her" (Emmerich, S. 162).

Auf Konfuzius berufen sich heute *mehrere unterschiedliche Schulen*. Anhänger seiner Lehren gibt es im chinesischen Kulturkreis ebenso wie in Japan, Korea, Vietnam usw.

Konfuzius vertrat strenge Wertvorstellungen, die nicht nur seine Schüler, sondern ganze Kulturen geprägt haben. „Die unbedingte Ergebenheit des Japaners zu seiner Firma und das väterlich-fürsorgliche Verhalten des Konzerns gegenüber seinen Mitarbeitern kann man nur vom Konfuzianismus her begreifen" (Faßnacht, S. 25).

Wie viele Menschen sich heute zu einer der auf Konfuzius zurückgehenden religiösen Strömungen bekennen, lässt sich vor allem deshalb nicht sagen, weil über China keine seriösen Zahlen vorliegen. Allein in Korea, dem gegenwärtigen Zentrum des Konfuzianismus, gibt es mehrere Millionen Anhänger.

LAOZI

Laozi (auch Laotse oder Lao tse) war einer der bedeutendsten chinesischen Weisen des Altertums. Er gilt als Autor des *Tao-te-king*, einer für den *Taoismus* maßgeblichen Schrift. Sein Name heißt wörtlich übersetzt „Meister Lao" bzw. „Alter Meister" oder „Alter Sohn". Heute wird er von seinen zumeist in China lebenden Anhängern vielfach wie ein Gott verehrt.

Obwohl Laozi mit dem Taoismus ebenso eng verbunden ist wie Buddha mit dem Buddhismus oder Jesus mit dem Christentum, ist nicht gesichert, ob er überhaupt jemals gelebt hat. Das *Tao-te-king* dürfte nach heutigem Wissensstand auf das 4. oder 3. Jh. v. Chr. zu datieren sein. Wenn Laozi dieses Werk wirklich schrieb, müsste er demnach ebenso in dieser Zeit gelebt haben.

Die wichtigste Quelle für seine Biografie steht im 63. Kapitel des chinesischen Geschichtswerkes *Shi chi* (Shiji). Dieses wurde vom Hofastrologen Sse-ma Tjien (ca. 145 bis 90 v. Chr.) verfasst. Über 2000 Jahre lang waren sich die Menschen sicher, dass die Lebensgeschichte Laozis so war, wie es im Shi chi steht. Heute muss das jedoch angezweifelt werden. Auch haben zahlreiche ausformende Legenden die Ursprungsbiografie erweitert.

Laozis überlieferte Biografie

Nach der von Sima Qian erstellten Biografie lebte Laozi im 6. und 5. Jhdt. v. Chr. und war damit nicht nur ein Zeitgenosse von Konfuzius, sondern soll ihm auch tatsächlich begegnet sein. Geboren wurde er als Sohn eines Bauern in der heutigen Provinz *Henan* (östliche Mitte der Volksrepublik China). „Sein Familienname war Li, sein Vorname Er (‚Ohr') und sein Mannesname Dan (‚Langohr'). Laozi hieß also Li Er, denn anders als bei uns wird in China zuerst der Nachname, dann der Vorname genannt" (Darga, S. 11). Die Bezeichnung Langohr ist jedoch nicht, wie vermutet werden könnte, ein Hinweis auf ausgeprägt große Körperteile.

Vielmehr war Ohr bzw. Langohr damals in China eine besondere Kennzeichnung für jemanden, der außergewöhnlich weise war.

Schon früh führte Laozis Weg in das Gebiet des Hwangho in die Kaiserstadt Lo-Yang. Dort erlangte er viel Ansehen und wurde Geschichtsschreiber der Zhou-Dynastie und später auch *Reichsarchivar* in der Bibliothek am Hofe des Königs. Er führte ein unauffälliges und tugendhaftes Leben und gab nur gelegentlich Unterweisungen. Im Gegensatz zu anderen Lehrern seiner Zeit hat er weder systematisch gelehrt, noch war er ein Wanderprediger. Schilderungen, die von den Schülern Laozis berichten, sind erst lange nach dem Erscheinen des Shi chi entstanden.

Laozi zog nach Westen, weil er sah, wie das Land zusehends verfiel. Da er ein überaus tugendhafter Mann war, wurde er vom Gelehrten *Yin Xi* gedrängt, sein Wissen für die Nachwelt aufzuschreiben. Dieser Bitte kam Laozi nach und verfasste den *Leitfaden über das ewige Weltengesetz der Tugenden*, welches heute als *Tao-te-king* (Tao = „Weg"; Te = „Tugend"; King = „Leitfaden") weltbekannt ist und als eines der am meisten übersetzten Bücher überhaupt gilt. Nachdem Laozi dieses Buch geschrieben und es Yin Xi übergeben hatte, zog er weiter. Im Shi chi wird ferner berichtet, dass niemand weiß, was aus Laozi wurde und wo sein Leben endete. Gestorben soll er erst im Alter von 160 bis 200 Jahren sein.

Sse-ma Tjien beschreibt in seiner Chronologie auch die *Begegnung mit Konfuzius*, bei der Laozi Konfuzius wegen dessen Hochmutes getadelt haben soll:

> *Zähme darum deine Eitelkeit, lass fahren dein fahrlässiges Wissen! Lass ab vom Trug der schönen Programme, die dem Volke nicht helfen!*
> Schmidt, S. 14

Heute weiß man, dass Laozi, falls es ihn wirklich gab, Konfuzius nicht getroffen haben kann, denn dieser lebte vor seiner Zeit. Überhaupt ist die Laozi-Biografie nach wissenschaftlichen Maßstäben historisch nicht haltbar. Neben anderen Problemen zog Sima Qian nämlich zahlreiche Legenden als Quellen heran.

VERLAGSHAUS RÖMERWEG

BUP CORSO EDITION ERDMANN WALDEMAR KRAMER MARIX WEIMARER VERLAGSGESELLSCHAFT

bup BERLIN UNIVERSITY PRESS

W/ weimarer verlagsgesellschaft

Waldemar Kramer

CORSO

EDITION ERDMANN

marixverlag

Diese Karte entnahm ich dem Buch:

_____

☐ Bitte senden Sie mir Ihr Büchermagazin.

☐ Bitte informieren Sie mich über Ihre Neuerscheinungen.

☐ Ja, ich möchte Ihren Newsletter erhalten.

Alle Informationen unter www.verlagshausroemerweg.de

Absender

Name, Vorname

Straße, Nr.

Plz, Ort

Telefonnummer*

Faxnummer*

E-Mail*

Unterschrift

*freiwillige Angabe

Für Ihre schnelle Anfrage:
info@verlagshausroemerweg.de

Rückantwort

Verlagshaus Römerweg GmbH
Römerweg 10
D-65187 Wiesbaden

Legenden um Laozi

Die Legendenbildung ist nach der Abfassung des Shi chi weitergegangen. Vor allem ab dem 2. Jh. n. Chr. haben sich in Anlehnung an die Buddhageschichten viele neue Legenden um Laozi gebildet: So wird über seine *Geburt* berichtet, er wäre von einem Lichtstrahl gezeugt worden, nachdem seine Mutter einen Meteorstein berührt hatte. Anschließend folgte eine überaus lange Schwangerschaft: „Laozis Mutter trug ihren Sohn 72 Jahre lang unter dem Herzen. Als der Zeitpunkt der Geburt gekommen war, öffnete sich ihre linke Achselhöhle, und ein Kind trat hervor, dessen Haar bereits weiß geworden war" (Darga, S. 21). Nach dieser Geschichte war Laozi bei der Geburt schon ein alter weiser Mann, und sein Name würde übersetzt „alter Sohn" bedeuten.

In manchen Legenden konnte Laozi Tote zum Leben erwecken oder Menschen ein langes Leben schenken. Auch wird berichtet, er hätte die Fähigkeit gehabt, sich zu wandeln, und er wäre so eine lange Zeit in unterschiedlichen Gestalten und Formen in Erscheinung getreten.

Über Laozis *Lebensende* gibt es ebenfalls viele Geschichten. Oben wurde schon erwähnt, dass seine Lebenszeit im Shi chi mit 160 bzw. 200 Jahren angegeben wird. Später wurde ihm nachgesagt, er würde nach seinem Tod als Buddha wiedergeboren. Schließlich gibt es eine Reihe von Berichten, die besagen, Laozi wäre unsterblich, und er würde bis heute immer wieder auftauchen.

Seit dem 2. Jh. n. Chr. wird Laozi in China als *Gott* verehrt. Als einer der *drei Reinen* werden ihm kosmische Züge gegeben. Er soll als jemand, der im Sternbild des großen Bären weilt, immer wieder zwischen den Sternen und der Erde wandeln und so auch ein Vermittler zwischen diesen beiden Welten sein.

Laozi, der Mensch und seine Lehre

Laozi war kein Religionsstifter. Er hatte weder Schüler beauftragt, die seine Lehre weitergeben sollten, noch scharte er selbst eine Gemeinde um sich. Dennoch ist der Taoismus untrennbar mit ihm verbunden, und so wird Laozi auch als „fiktiver Religionsstifter" bezeichnet (Hutter, S. 72).

Mit Sicherheit war Laozi kein theologischer Dogmatiker. Vielmehr war er sowohl ein Mystiker, der einen Weg in die Tiefe suchte, als auch jemand, der über politische Systeme sowie über die in der Politik handelnden Personen nachdachte. Im Zentrum seiner Weisheit stand die Überzeugung, dass die beispielsweise von Konfuzius vorgegebenen ethischen Werte abzulehnen sind, weil sie einen Eingriff in das individuelle Leben darstellen. Hans Küng nennt den Taoismus deshalb auch eine „antikonfuzianische Oppositionsbewegung" (Küng, S. 205).

> *Teh / wahre Tugend / will nicht tugendhaft sein /*
> *Darum ist sie tauglich und führt zur Vollendung.*
> *Tugend / die als tugendhaft gelten will / taugt nicht.*
> *Wahre Tugend waltet unsichtbar /*
> *ohne Absicht und ohne Handeln.*
> *Wo Absicht herrscht und Handeln im Sichtbaren /*
> *ist Tüchtigkeit / aber nicht Tugend.*
> *...*
> *Moral ist tätig und berechnend und greift /*
> *bei Widerstand / zur Gewalt ...*
> Tao-te-king, Abschnitt 38 (nach Schmidt, S. 127)

Demgegenüber ist das *Tao* das hinter den sichtbaren Erscheinungen liegende Weltenprinzip, in das man sich nicht einmischen darf. So propagierte Laozi einen Weg des gelassenen Nicht-Handelns, fernab von jedem vorgegebenen ethischen Diktat:

> *Um die Menschen zu fördern und Tao zu dienen /*
> *hilft nichts besser als Gelassenheit.*
> *Gelassenheit ist fürsorgliche Vorsorge /*
> *die den Sorgen vorbeugt.*
> *Sie führt zur Fülle aus Tao-Erfülltheit /*
> *die jeder Lage überlegen macht.*
> *Überlegen sein heißt ohne Grenze sein /*
> *ohne Grenze sein heißt Eigener des Reiches sein /*
> *Eigener des Reiches sein heißt*
> *im Grenzenlosen wurzeln /*
> *im Grenzenlosen wurzeln heißt Dauer haben.*
> *So wächst aus Gelassenheit Gegründetsein*

im Unergründlichen /
Unvergänglichkeit und die Allweisheit des Tao.
Tao-te-king, Abschnitt 59 (nach Schmidt, S. 175)

Diese gelassene Grundhaltung überträgt Laozi auch auf das politische System. Er lehrt „das archaische Ideal eines kleinen, autarken Staates" (Friedrich, Sp. 650) und gibt damit den Herrschern seiner und späterer Zeiten einen Leitfaden in die Hand, wie ein Staat nach innen und nach außen zu führen ist.

Die auf Laozi zurückgehende Religion: Der Taoismus

Der *Taoismus* ist neben dem Buddhismus und dem Konfuzianismus *eine der drei großen Lehren bzw. Religionen Chinas.* Neben das auf Laozi zurückgehende Tao-te-king griff der Taoismus viele religiöse Strömungen auf, die weit vor die Zeit Laozis zurückgehen. Dazu zählen beispielsweise Wahrsagerei, Exorzismus und der Glaube an Geister und Götter. Feste Kultformen entwickelten sich erst ab dem 2. Jh. n. Chr. im Wettbewerb mit dem aufkommenden Buddhismus.

Die Suche nach Unsterblichkeit ist das höchste Ziel im religiösen Taoismus. Um dorthin zu gelangen, werden Formen der Körper- und Geistkultivierung wie beispielsweise Atemtechniken, Meditationsübungen, Diäten oder schamanische Techniken gepflegt.

Über die genaue Zahl der Anhänger des Taoismus in China gibt es keine gesicherten Zahlen: Die Schätzungen sprechen von wenigen Millionen bis hin zu 100 Millionen chinesischen Taoisten. Neben China gibt es noch in mehreren asiatischen Ländern größere taoistische Gruppierungen.

MANI

Auch wenn die Religion *Manis* nicht bis in unsere Zeit überlebt hat, gehörte der *Manichäismus* doch über 1000 Jahre lang zu den Weltreligionen, und seine Verbreitung erstreckte sich von der europäischen Atlantikküste bis nach China. Während im Westen der Anspruch erhoben wurde, das wahre Christentum zu leben, glaubten die Menschen im Osten, im Manichäismus den wahren Buddhismus gefunden zu haben.

Für die Rekonstruktion der Vita Manis, der im 3. Jh. n. Chr. lebte, können mehrere sehr frühe Quellen herangezogen werden: Zum einen der nur 3,5 cm x 4,5 cm große und auf Pergament geschriebene *Kölner Mani-Kodex* aus dem 4. oder 5. Jh. (Römer, S. IX). Dieses Buch enthält nicht nur die Lebensgeschichte, sondern auch viele Zitate des Religionsstifters. Zum anderen sind die *Acta Archelai* zu nennen, eine Gegenschrift zum Manichäismus aus dem 4. Jh. Während der Kölner Kodex Mani positiv verklärt, karikieren die Acta Archelai seine Person (Klein, S. 72 f.). Neben diesen beiden Hauptquellen gibt es auch noch andere Schriften, die für die Rekonstruktion der Biografie Manis brauchbare Daten liefern. Von den uns bekannten und von Mani selbst verfassten Schriften sind heute nur mehr wenige Bruchstücke erhalten.

Manis Leben

Mani wurde am 14. 4. 216 in oder in der Nähe von *Seleukia-Kte-siphon*, der Hauptstadt des Partherreiches und ab 226 der Hauptstadt des Sassanidenreiches, im heutigen Irak geboren. Laut einigen Quellen soll sein Vater *Pateg* ein Fürst der Arsa-kidendynastie (Herrscherdynastie, die von ca. 240 v. Chr. bis 224 n. Chr. über Persien regierte) gewesen sein. Noch vor der Geburt seines Sohnes Mani trat er nach einem Berufungserlebnis einer Täufersekte bei und zog von seiner Familie fort. So verbrachte Mani seine frühe Kindheit bei seiner Mutter *Maryam*:

*(Mani berichtet:) [Nachdem] mein Leib [von meiner Mutter
(?) im Kleinkindalter (?)] bis zu meinem vierten Lebensjahr
[genährt worden war], trat ich [zu diesem Zeitpunkt] in
die Glaubensgemeinschaft der Täufer ein. Als mein Leib im
Jugendalter war, wuchs ich in dieser Gemeinschaft auf und
wurde durch die Kraft der Lichtengel und der so überaus starken
Mächte beschützt.*
Kölner Mani-Kodex, p. 10 f. (nach Klein, S. 77)

Später holte Pateg seinen Sohn zu sich und erzog ihn in seiner
Religion. Man nimmt an, dass Pateg zur Gruppe der *Elkesaiten*
gehörte. Das war eine judenchristliche Täufersekte, die ein wie-
derholtes Taufritual kannte und strenge Speisegesetze hielt. Im
Alter von *zwölf Jahren* hatte Mani sein *erstes Berufungserlebnis*:
Ihm erschien ein „himmlischer Zwilling", der ihm vom *König
des Lichtparadieses* eine Botschaft brachte: Diese bestand unter
anderem in der Aufforderung, Mani solle sich innerlich von
der Gemeinde, in der er lebte, abwenden, aber diese innerliche
Abkehr solle von außen nicht bemerkbar sein. Den Zwilling
nannte Mani den *Lebendigen Paraklet*, „eine Bezeichnung für den
im Johannesevangelium verheißenen Heiligen Geist, mit dem
sich Mani dann aber selbst identifiziert" hat (Golzio, S. 103).

Bereits im jugendlichen Alter studierte Mani die Religionen
seiner Zeit. So dürfte er durch diese Studien und durch die späteren Reisen gute Kenntnisse nicht nur der christlichen und der
buddhistischen Religion erlangt haben, sondern er wird auch
vielen Vertretern der zahlreichen kleineren Religionen und
Sekten begegnet sein. Kenntnisse der zoroastrischen Religion
müssen ohnehin vorausgesetzt werden, denn diese Religion war
zur Zeit Manis in Persien Staatsreligion.

In einer *zweiten Offenbarung* im Alter von *24 Jahren* kam
der himmlische Zwilling erneut zu Mani und berief ihn zum
Apostel. Zuerst belehrte Mani seinen Vater und ältere Familienmitglieder, die auch bald zur neuen Lehre übertraten. Wenig
später verließ Mani die Täufergemeinde. Um das Jahr 240/241
reiste er nach *Indien* und predigte und missionierte dort ein
bis zwei Jahre lang. Manche Forscher meinen, für Mani war
der Jesusapostel Thomas ein Vorbild, weil dieser ebenfalls
in Indien gelehrt haben soll. Ob er jedoch wirklich bis nach

Indien kam oder ob seine Reise im Staatsgebiet des heutigen Pakistan endete, darüber können heute nur mehr Vermutungen angestellt werden.

Nach seiner Rückkehr kam Mani entweder selbst an den Hof des Sassanidenherrschers *Schapur I.*, oder er wurde von anderen dort eingeführt. Es wird berichtet, wie ein Bruder des Königs zum Manichäismus übertrat. Schapur selbst bekannte sich Zeit seines Lebens nie zur von Mani verkündeten Religion. Wohl aber stand er dieser nach einigen Unterredungen sehr wohlwollend und interessiert gegenüber. Schließlich stellte der König Mani sogar Schutzbriefe aus, durch die er die Mission Manis im Sassanidenreich ermöglichte. Auch konnte Mani im Gefolge des Königs an Reisen teilnehmen, wodurch der Manichäismus über die Grenzen des Reiches gelangen konnte. Neben diesen Reisen unternahm Mani auch selbst ausgedehnte Missionsreisen, die ihn bis nach Armenien und Georgien führten. Seine Schüler schickte er ebenfalls zu Missionszwecken in die Ferne. So gab es bereits zu seinen Lebzeiten manichäische Gruppen in Ägypten.

Bis zur Thronbesteigung von *Bahram I.* (274 n. Chr.) fand Manis Lehre große Unterstützung am Hof. „Der Manichäismus scheint die im Sassanidenreich am meisten geförderte Lehre gewesen zu sein, aber eine Staatsreligion, sicherlich das von Mani erstrebte Ziel, wurde sie nicht" (Widengren, S. 39).

Über die Gründe, warum Mani bei Bahram in Ungnade fiel, können keine gesicherten Aussagen gemacht werden. Möglicherweise hatte Mani einen Befehl des Königs missachtet, bestimmte Gebiete des Landes nicht zu missionieren. Auch kann es einen Konflikt zwischen den zoroastrischen Priestern und Mani gegeben haben, bei dem sich der Herrscher auf die Seite des Zoroastrismus stellte. Gegen diese These spricht aber die Tatsache, dass der Manichäismus noch mehrere Jahre nach Manis Tod im Reich unbehelligt fortbestehen konnte.

Wenige Tage nach der ersten Unterredung mit Bahram wurde Mani in Kerkerhaft genommen und in Ketten gelegt. Wie damals üblich, legte man ihm drei Fesseln an seine Hände, drei an seine Füße und eine um seinen Hals. Das war am 19. 1. 276. In den folgenden Tagen und Wochen durfte Mani noch Besuch von seinen Schülern erhalten. Ihnen erteilte er die letzten Anweisungen und regelte seine Nachfolge.

Die Haftbedingungen waren sehr hart und der Druck der Fesseln sehr schwer. So starb Mani am *14. 2. 276* im Kerker an den Folgen der Haft. Manche Quellen berichten von einer Kreuzigung Manis, aber diese Textstellen sind symbolisch und nicht historisch zu lesen. Dasselbe gilt für die Berichte über seine leibliche Himmelfahrt.

Nach seinem Tod durchbohrte man zuerst seinen Körper, dann zerstückelte man ihn und schließlich trennte man seinen Kopf ab und stellte ihn über dem Tor der Stadtmauer zur Schau. Erst später konnten die sterblichen Überreste von seinen Schülern beigesetzt werden.

Die Lehre Manis

Im Zentrum der Lehre Manis steht eine radikal dualistische Welt- und Menschensicht: Die beiden Naturen des Lichts (der Geist, das Gute, Gott usw.) und der Finsternis (das Böse, die Materie, die Mächte der Finsternis usw.) waren ursprünglich vollständig voneinander getrennt, und das Reich des Lichts stand dem Reich der Finsternis gegenüber:

> *Mani lehrte: Den Anfang der Welt bildeten zwei Wesen, das eine Licht, das andere Finsternis; beide sind voneinander getrennt. Das Licht aber ist die erste Großherrliche, durch keine Zahl beschränkt, Gott selbst, der König der Paradiese des Lichts ... Das andere Wesen ist die Finsternis, und deren Glieder sind fünf, der Nebel, der Brand, der Glühwind, das Gift und die Finsternis.*
> Fihrist, S. 86 (nach Golzio, S. 106)

Ein Mythos erklärt, wie es zur Vermischung dieser beiden Reiche und damit zu den Umständen kam, unter denen die Menschen heute leben. Um die ursprüngliche Trennung wieder herzustellen, bedarf es Erlösergestalten, und der höchste dieser Erlöser ist der Licht-Jesus. Bis zur endgültigen Erlösung liegen diese beiden Reiche jedoch miteinander im ständigen Kampf. Wichtig für die Erlösung ist, möglichst vielen Menschen die Lehre vom Ursprung ihrer Seele zu vermitteln. Nur mit Hilfe dieser „Erkenntnis kann die menschliche (eigentlich göttliche) Seele die

Mächte des Bösen, die Materie überwinden und zum göttlichen Licht zurückkehren" (Renz, S. 309). Am Ende der Zeit wird nach dieser Lehre die Finsternis für alle Ewigkeit vom Licht getrennt werden, Jesus wird als Richter die Guten von den Bösen trennen und die Guten werden in das Lichtreich eingehen.

Mani selbst verstand sich nicht nur als Apostel, sondern auch als der letzte einer Reihe von großen Propheten wie Zarathustra, Buddha und Jesus. Dementsprechend enthielt die Lehre des Manichäismus auch Elemente des Zoroastrismus, des Buddhismus und des Christentums.

Die weitere Entwicklung des Manichäismus

Trotz zahlreicher Widerstände breitete sich der Manichäismus gewaltlos im Osten bis nach China und im Westen bis an die Grenzen des römischen Reiches (Spanien, Gallien usw.) aus. Im Turkvolk der *Uiguren* wurde der Manichäismus im Jahre *762* sogar *Staats- bzw. Hofreligion.*

In Europa wurde der Manichäismus von den Christen heftig verfolgt und im 6. Jh. ausgelöscht. In Zentralasien ist diese Religion bis ins 14. Jh. nachweisbar, ehe sie auch dort endgültig verschwand.

GURU NANAK

Auf *Guru Nanak* geht die vorwiegend in Indien begründete Religion des *Sikhismus* zurück. Geboren im 15. Jh. zog Nanak lange als Wanderprediger umher, setzte sich intensiv mit der hinduistischen und der islamischen Lehre auseinander und verkündete ein auf dem islamischen Gottesverständnis bauenden monotheistisches Gottesbild. Als Gegner des indischen Kastenwesens lehrte er die Gleichheit aller Geschöpfe und sah sich selbst als Schüler Gottes. Seine Anhänger nannten ihn und auch seine Nachfolger *Guru* („Lehrer").

Guru Nanak war der Urheber des *Adi-Granth* („Ur-Buch"). Dieses aus 1430 Seiten bestehende Werk ist das heilige Buch der Sikhs und enthält Schriften von Nanak und weiteren Gurus. Zusammengetragen wurde das Adi-Granth um das Jahr 1604 von *Guru Arjan*, dem vierten Nachfolger Nanaks und fünften Guru im Sikhismus. Nach 1604 wurde das Buch aber noch mehrfach überarbeitet.

Das Leben Guru Nanaks

Im Jahre *1469*, vermutlich am 15. April, wurde Guru Nanak im damals noch zu Indien gehörenden Dorf *Talwandi* geboren. Heute liegt Talwandi auf pakistanischem Staatsgebiet rund 60 Kilometer südwestlich der Millionenstadt Lahore und heißt *Nankana Sahib*. Im 15. Jh. lag Talwandi unweit einer bedeutenden Handelsstrasse und wurde insgesamt dreizehnmal von Barbaren überfallen und zerstört (Sarna, S. 15). Überhaupt herrschten damals teilweise anarchische Zustände: Die Könige waren tyrannisch und gnadenlos, und die Religionen stark ritualisiert und teilweise unbarmherzig.

Guru Nanak gehörte zur *Händlerkaste*. Sein Vater, *Mehta Kalu*, war Buchhalter, und seine Mutter hieß *Mata Tripta*. Auch hatte er eine um rund fünf Jahre ältere Schwester Namens *Nanaki*. Die wie

175

bei allen Religionsstiftern verklärten Überlieferungen schildern ihn als intelligenten Jungen, der bereits in frühen Jahren an religiösen Fragen großes Interesse zeigte. An weltlichen Tätigkeiten wie der Mitarbeit in der kleinen elterlichen Landwirtschaft soll er wenig bis keine Begeisterung aufgebracht haben, ebenso wenig am Handel oder an Schreibtischarbeiten. Vielmehr berichten die Quellen davon, wie Guru Nanak den Armen Festmähler bereitete und reichlich Almosen gab. Freilich geschah das nur selten mit Zustimmung seiner Eltern, deren Güter Nanak dafür teilweise veräußerte. Immer wieder zog er sich in die Einsamkeit der Wälder zurück, um zu beten und zu meditieren.

Beruflich arbeitete Guru Nanak seit seinem 16. Lebensjahr als Beamter des späteren Gouverneurs und soll sehr gewissenhaft und fleißig gewesen sein. Mit 18 Jahren heiratete er *Sulakshana*, die ihm zwei Söhne Namens *Sri Chand* (geb. 1494) und *Lakhmi Das* (geb. 1496 oder 1497) gebar. Auch in der Zeit seiner Ehe war ihm das spirituelle Leben sehr wichtig. So berichten die Überlieferungen, wie Guru Nanak einen großen Teil seines Einkommens an die Armen gab und sich immer wieder zum Gebet und zur Meditation in die Einsamkeit zurückzog.

Ein *religiöses Berufungserlebnis* veranlasste ihn *um das Jahr 1496*, sein Leben radikal zu ändern: Er gab seine Arbeit auf, verließ seine Familie, verschenkte seinen Besitz an Bedürftige und zog sich in die Abgeschiedenheit des Dschungels zurück.

Nach einiger Zeit begann Guru Nanaks rege Reisetätigkeit, bei der er anfangs mehr ein Suchender war, später aber vorwiegend seine Lehre verkündete, in der Elemente des Islam und des Hinduismus verbunden waren. Es gibt viele Berichte über seine Wandertätigkeit, die ihn bis nach Bagdad, Mekka oder Sri Lanka geführt haben soll. Nicht alle dieser Reisen dürfte Guru Nanak jedoch wirklich unternommen haben. Vieles wurde ihm erst in späteren Überlieferungen zugesprochen.

Guru Nanak meditierte und betete täglich viele Stunden. Oft soll er tagelang nicht gegessen und getrunken und sich von der Welt abgewandt haben. Er war sehr genügsam, lebte ein Leben in Armut und teilte, was er hatte, mit den Bedürftigen.

Auch wenn Guru Nanak viele Jahrhunderte oder Jahrtausende nach Mose, Buddha, Jesus usw. lebte, gibt es über seine Person nicht weniger Legenden als über die anderen in diesem Buch beschriebenen Religionsstifter. Laut einer Überlieferung soll er bei seiner Reise nach Mekka unweit des heiligen Bezirkes mit den Füßen Richtung Kaaba geschlafen haben. Als die frommen Muslime das sahen, protestierten sie heftig, weil es für sie einer Entweihung des Heiligtums gleichkam, diesem die Füße entgegenzustrecken. Auf die Aufforderung, sich anders zu betten, meinte Guru Nanak, die Muslime sollen ihn so drehen, dass seine Füße nirgends hinzeigten, wo Gott sei. Man drehte ihn, und sofort bewegte sich die Kaaba in die jeweilige Richtung der Füße Guru Nanaks mit. Dies soll ein Zeichen für die Erhabenheit der Lehre Guru Nanaks gewesen sein.

Neben dem religiösen Ehrentitel *Baba* bekam Nanak auch den Ehrentitel *Guru* („Lehrer", „religiöser Meister"). Guru ist im Gegensatz zu anderen Religionssystemen im Sikhismus nicht nur ein religiöser Titel für einen besonderen Lehrer. Vielmehr bezeichnet Guru für die Sikhs eine außergewöhnliche Vereinigung eines Menschen mit dem einen Gott, die nur wenigen Menschen zuteil wurde.

Guru Nanak gründete weder selbst eine Religion, noch sah er sich als Stifter einer neuen Religion. Vielmehr verstand er sich als *Reformer* in religiösen und gesellschaftlichen Fragen. So verkündete er nicht nur einen alleinigen Gott und kritisierte die Riten und die Dogmen der Religionen seiner Zeit, sondern war auch ein Gegner des Kastenwesens und tadelte die Unterdrückung der Frauen, die für ihn dem Manne gleichwertig waren. Erst später entwickelte sich aus der Lehre Guru Nanaks die eigenständige *Religion der Sikh* (Sanskrit: „Schüler").

Um das Jahr 1522 gab Guru Nanak seine Reisetätigkeiten auf und gründete die Stadt *Kartarpur*. Es wird berichtet, wie er seinen Lebensunterhalt durch einfache Arbeiten selbst verdiente, um damit seinen Anhängern zu zeigen, wie sie leben sollen. Bevor er am *22. 9. 1539* im Alter von rund 70 Jahren starb, setzte er mit *Guru Angad* noch selbst seinen Nachfolger ein.

Die Lehre Guru Nanaks

Das Fundament der auf Guru Nanak zurückgehenden Lehre ist das monotheistische Gottesbild, das seine Grundlagen im Islam hat. Im *Mul Mantra* ("Wurzelmantra"), den von Guru Nanak verfassten ersten Zeilen des Adi-Granth wird der eine Gott bezeugt. Für die Sikhs umfasst dieser Text die Essenz ihres spirituellen Lebens.

> *Es gibt nur einen Gott,*
> *Er ist die absolute Wahrheit.*
> *Er, der Schöpfer,*
> *ist ohne Furcht und ohne Hass.*
> *Er, der Allgegenwärtige,*
> *durchdringt das Universum.*
> *Er wurde niemals geboren.*
> *Er wird niemals sterben, um wiedergeboren zu werden ...*
> Beginn des Mool Mantra: Adi-Granth 1 (nach Stukenberg, S. 20)

Formal ist die Führung durch den Guru ein wichtiges Charakteristikum der Sikhs (Gächter, Sp. 581). Inhaltlich lehnte sich Guru Nanak an die beiden großen Religionsgemeinschaften Nordindiens des 15. und 16. Jh. an: den Islam und den Hinduismus. Guru Nanak war davon überzeugt, dass diese beiden Religionen nicht die letzten Wahrheiten lehrten:

> *Die Muslime preisen die Scharia, in intensivem Studium sind*
> *sie in sie vertieft,*
> *Zu Sklaven Gottes aber können sie nur werden, wenn sie Ihm sich*
> *unterwerfen, um Seines Anblicks teilhaftig zu werden;*
> *Die Hindus preisen Gott als grenzenlos im Hinblick auf Aspekte*
> *und Form,*
> *Doch dessen ungeachtet baden sie an Pilgerorten, feiern Opfer-*
> *feiern und verbrennen Räucherwerk für Ihn;*
> Adi-Granth 6.1 (nach Thiel-Horstmann, S. 128)

Nur seine Lehre enthielt laut Guru Nanak die unverfälschte Wahrheit. Er war aber sehr darum bemüht, zwischen dem Hinduismus und dem Islam Frieden stiftend zu vermitteln. So finden sich in der Lehre des Sikhismus auch viele Elemente dieser beiden Religionen.

Die auf Guru Nanak zurückgehende Religion: Der Sikhismus

Auf Guru Nanak folgten *neun weitere Gurus*, von denen jeder seinen spezifischen Beitrag zur Entwicklung des Sikhismus leistete. Auch wenn alle zehn Gurus den gleichen Stellenwert in der Religion einnehmen, haben doch der erste und der letzte Guru die Lehre des Sikhismus besonders stark geprägt: Während große Teile der Theologie auf Guru Nanak zurückgehen, stammen viele der konkreten Lebensregeln von *Guru Gobind Singh*, dem zehnten Guru. Mit dem Tod des letzten Gurus im Jahre *1708* war die Offenbarung abgeschlossen.

Das spirituelle Zentrum des Sikhismus ist der vom fünften Guru im 16. Jh. erbaute *Goldene Tempel* in der nordindischen Millionenstadt *Amritsar*. Bis zu dieser Zeit war der Sikhismus eine dezidiert Frieden stiftende Bewegung. Seit der Ermordung des fünften Gurus gehören jedoch auch militaristische Züge zu dieser Religion. So war der Goldene Tempel im Jahre 1984 Schauplatz blutiger Auseinandersetzungen der Sikhs mit der indischen Armee. Die nach Meinung vieler Sikhs Verantwortliche für diese Auseinandersetzungen, die indische Ministerpräsidentin Indira Gandhi, wurde noch im selben Jahr von zwei ihrer Sikh-Leibwächter ermordet.

Heute bekennen sich weltweit *rund 25 Millionen* Menschen zum Sikhismus, von denen rund zwei Drittel im indischen Bundesstaat *Panjab* beheimatet sind. Über eine Million Sikhs leben außerhalb Indiens: Größere Sikh-Gemeinden im Westen gibt es in Großbritannien, in Kanada und in den USA.

BAHA'ULLAH

Baha'ullah heißt übersetzt „Herrlichkeit Gottes" und ist ein Ehrentitel für *Mirza Husayn Ali Nuri*, den Begründer der *Baha'i-Religion*. Baha'ullah lebte im 19. Jh. in Persien (Iran) und wurde auch *Ganab-i Bahas* („Seine Hoheit der Lichterglanz") genannt.

Die Religion der Baha'i ging aus dem *Babismus* hervor. Der Babismus war eine auf den schiitischen Islam aufbauende religiöse Gemeinschaft, die ebenfalls im 19. Jh. in Persien entstand. Deren Gründer *Sayyid Ali Muhammad* war, wie der Titel Sayyid andeutet, ein Nachfahre Muhammads (Hutter, S. 105) und sah sich als *Bab*, d. h. als „Eingangstor zum Heiligtum Gottes". Er verstand sich ähnlich dem biblischen Johannes dem Täufer als Sprachrohr Gottes und kündigte einen viel Größeren an, zu dem er das Zugangstor sei. Als er sich später selbst als der verschollene zwölfte Imam der Schiiten bezeichnete, kam es zum Bruch mit den Muslimen. Seine Bewegung fand zwar im ganzen Land zahlreiche Anhänger, stieß aber auch auf erbitterten und blutigen Widerstand. In wenigen Jahren gab es zehntausende Märtyrer und auch Sayyid Ali Muhammad wurde im Jahre 1850 öffentlich hingerichtet. Aus dem Babismus ging die Baha'i-Religion hervor, die bis heute in Baha'ullah den im Babismus verheißenen Gesandten Gottes sieht. Für Muslime ist die Baha'i-Religion jedoch bis heute eine schiitische Sekte. Im Iran werden die Baha'i als islamische Apostaten verfolgt. Ihnen droht bei einer Verurteilung die Todesstrafe.

Im Gegensatz zu den Religionsstiftern, die Jahrhunderte oder Jahrtausende vor Baha'ullah gelebt haben, gibt es über seine Person nicht nur historisch haltbare Quellen, sondern auch Fotos. Darüber hinaus hinterließ Baha'ullah zahlreiche Briefe und Schriften: Das im *Kitab-i Aqdas* niedergeschriebene Gesetz des neuen Zeitalters ist in arabischer Sprache verfasst, „gilt als unübersetzbar und ist in anderen Sprachen nicht zugänglich." (Flasche, Sp. 1354)

Das Leben Baha'ullahs

Baha'ullah, der ursprünglich Mirza Husayn Ali Nuri hieß, wurde am 12. 11. 1817 als ältestes Kind des Mirza Abbas Nuri in der Nähe von Teheran in Persien geboren. Er stammte aus einer adeligen und wohlhabenden Familie, dessen Ansehen sich nicht zuletzt aus dem hohen Regierungsamt gründete, welches sein Vater innehatte. Die Quellen berichten, Baha'ullah hätte nie eine Schule besucht, weil er zu Hause von Privatlehrern unterrichtet wurde. Er soll schon als Kind ein überdurchschnittliches Maß an Weisheit gehabt haben. Als sein Vater starb, übernahm Baha'ullah im Alter von 22 Jahren die Verantwortung für seine jüngeren Geschwister sowie für die Verwaltung der Besitztümer seiner Familie.

1835 ehelichte Baha'ullah seine erste Frau *Navvab*, die ihm sieben Kinder gebar. Wie damals in Persien üblich, ging Baha'ullah noch weitere Ehen ein: 1849 mit *Mahd-i-Ulyá* (sechs Kinder) und mehrere Jahre später mit *Gawhar-Khanum* (eine Tochter).

1844 trat Baha'ullah dem Babismus bei. Er stand im Briefkontakt mit dem bereits oben erwähnten Sayyid Ali Muhammad, der erst wenige Monate zuvor mit seiner Offenbarung an die Öffentlichkeit getreten war. Persönlich getroffen haben sich die beiden jedoch nie.

Baha'ullahs dreizehn Jahre jüngerer Halbbruder *Mirza Yahya Nuri*, in der Gemeinde bekannt als Subh-i Azal, leitete die Gemeinschaft des Babismus nach dem Tod Sayyid Ali Muhammads im Jahre 1850. Baha'ullah nahm in dieser Religionsgemeinschaft ebenfalls eine exponierte Stellung ein. So wurde er im Jahre 1852 zusammen mit anderen Glaubensbrüdern in Teheran inhaftiert: Ein Anhänger des Bab hatte auf den Schah geschossen, diesen aber nur leicht verletzt. Obwohl die Leibwächter des Schahs den Täter noch an Ort und Stelle töteten, wurde die Gesamtheit der Bab für die Tat verantwortlich gemacht:

Wir standen in keinerlei Beziehung zu dieser Missetat, und Unsere Unschuld wurde von den Gerichten einwandfrei festgestellt. Dennoch ergriff man Uns und führte Uns von Niyavaran, dem damaligen Wohnsitz Seiner Majestät zu Fuß und in Ketten, barhäuptig und mit bloßen Füßen, in den Kerker von Tihran

... Vier Monate lang mussten Wir in einem unbeschreiblich schmutzigen Loch verbringen. Eine enge, finstere Grube wäre dem Kerker vorzuziehen ...
Baha'ullah in einem Brief (nach Esslemont, S. 41)

Nach seiner Entlassung aus dem Gefängnis wurde Baha'ullah genötigt, seine Heimat für immer zu verlassen. Er floh nach Bagdad ins Exil, wo es zu Differenzen zwischen ihm und seinem ebenfalls verbannten Halbbruder Mirza Yahya Nuri kam. Aus diesem Grund zog sich Baha'ullah in die Berge Kurdistans zurück und lebte dort als frommer Asket. In dieser Zeit verfasste er mehrere Schriften.

1856 erfolgte die Rückkehr Baha'ullahs nach Bagdad. Immer mehr wurde er die zentrale Gestalt bei der Erneuerung des Babismus und reformierte diese religiöse Gruppierung entscheidend. 1862 erschien das Buch *Kitab-i Iqan*. Darin verkündete Baha'ullah sich nicht nur als der Stifter einer neuen Religion, sondern er deutete auch an, selbst der in den Schriften des Babismus angekündigte göttliche Gesandte zu sein.

Der *18. 4. 1863* (manche Quellen sprechen vom 8. 4. 1863) gilt als das *Gründerdatum der Baha'i-Religion*: Es wird überliefert, wie Baha'ullah an diesem Tag in Anwesenheit mehrerer Anhänger die entscheidende Offenbarung empfing. Eine göttliche Stimme bestätigte ihn als den Verheißenen und die Anwesenden konnten diese göttlichen Worte ebenfalls hören. Die Offenbarung „bemächtigte sich der Anwesenden, und Baha'ullahs Charisma teilte sich ihnen mit wie der heilige Geist, der zu Pfingsten über die Jünger kam. ... Seit diesen Glaubenserfahrungen nennen sich die Anhänger Baha'ullahs ahl-i-Baha, ‚Menschen des Gottesglanzes', Baha'i." (Gerlitz, S. 21 f.)

Die ohnehin spannungsreiche Beziehung zu seinem Halbbruder ging mit dieser Selbstmitteilung endgültig in die Brüche. „Nunmehr hatten sich die Anhänger endgültig zu entscheiden, ob sie Baha'ullah als neuen Religionsstifter anerkannten oder weiter auf einen vom Bab verheißenen zukünftigen Propheten warteten" (Hutter, S. 107). Es kam aber nicht nur zu Spannungen zwischen den beiden Halbbrüdern, sondern auch zwischen deren Anhängern. Mirza Yahya Nuri wurde daraufhin mit seinen Gefolgsleuten ins Exil nach Zypern geschickt. Baha'ullah, der zuvor schon in mehrere Städte des osmanischen Reiches geflohen war, wurde 1868 zusammen mit rund 80 Männern plus deren Familien in die damalige Gefängnisstadt *Akko* im heutigen Israel verbannt. Die Quellen berichten, wie sich dort die gesamte Bevölkerung am Meer versammelte, um den Ankommenden zu sehen, den sie sarkastisch den „Gott der Perser" (Hakim, S. 108) nannten.

Zwei Jahre lang dauerte die strenge Gefangenschaft: „Der Raum war schmutzig und im höchsten Grad bedrückend. Es gab keine Betten noch sonst irgendeine Bequemlichkeit ..." (Esslemont, S. 50). Nach dieser harten Zeit lockerten sich die Haftbedingungen. Baha'ullah bekam für sich und für seine Familie ein eigenes Haus, durfte dieses aber sieben Jahre lang nicht verlassen. Danach wurde es ihm endlich erlaubt, sich relativ frei zu bewegen. Mehrfach reiste Baha'ullah in der folgenden Zeit in die nahe gelegene Stadt *Haifa*. Mit diesen Besuchen legte er die Grundlage für das *Baha'i-Weltzentrum* auf dem Berg Karmel in Haifa, wo heute die sterblichen Überreste Baha'ullahs in einem Mausoleum beigesetzt sind.

Die mehr als zwei Jahrzehnte, in denen Baha'ullah in bzw. in der Umgebung von Akko lebte, waren eine Zeit des großen schriftstellerischen Schaffens: *1873* erschien das *Hauptwerk Kitab-i Aqdas*, ein Buch, das in manchem dem Koran ähnelt. Dieses und mehrere andere Werke werden bis heute von seinen Anhängern als göttliche Offenbarungen angesehen. Auch schrieb er tausende Briefe, von denen uns heute noch viele erhalten sind. Immer wieder richtete Baha'ullah Botschaften an die Mächtigen der Welt und der Kern seiner Schreiben war in der Regel die Bitte um Weltfrieden.

Baha'ullah erlebte den Aufstieg der von ihm gelehrten Religion. Am Ende seines Lebens gab es bereits über 100.000 Anhänger. Trotzdem blieb er relativ bescheiden und lebte ohne großen Luxus. Neben dem Schreiben verbrachte er viel Zeit im Gebet. Sein ältester Sohn *Abdu'l-Baha* wurde von ihm zum Bevollmächtigten und autorisierten Ausleger seiner Lehre ernannt. So konnte Baha'ullah noch mehr Zeit und Energie für seine Schriften investieren und sich dem Gebet widmen.

Am *29. 5. 1892* starb Baha'ullah unweit von Haifa an den Folgen eines Fieberanfalls. Durch seinen im Testament geregelten letzten Willen, in dem er Abdu'l-Baha als Nachfolger einsetzte, wurden Spaltungen verhindert, wie es sie in anderen Weltreligionen immer wieder nach dem Tod der Religionsstifter gab.

Die von Baha'ullah geoffenbarte Lehre

Baha'ullahs Lehre liegt ein zyklisches Offenbarungsverständnis zugrunde. Dieses geht davon aus, dass sich Gott immer wieder durch Propheten offenbart hat. Im Laufe der Zeit entwickelten sich aber die von diesen Propheten gestifteten Religionen von der Ursprungslehre immer weiter weg, wodurch das Aufkommen neuer Propheten notwendig wurde. Ein Zyklus begann immer dann, wenn die Menschheit einen moralischen Tiefstand erreichte. „Mit Baha'ullah beginnt schließlich auch der sogenannte Baha'i-Zyklus, der 500.000 Jahre dauern wird. Bis in diese unendlich ferne Zeit reicht der Anspruch der Baha'i-Religion, die einzig wahre Religion zu sein" (Gerlitz, S. 39).

Das Leben der Baha'i ist durch die im Kitab-i Aqdas geoffenbarten Richtlinien geregelt. Dazu zählen sowohl zahlreiche Vorschriften für Gebete, Fasten, Kult usw. als auch Richtlinien für das Ehe- und Erbrecht.

Die auf Baha'ullah zurückgehende Religion: Die Baha'i

Nach Baha'ullahs Tod ging seine Nachfolge auf seinen Sohn *Abdu'l-Baha* über. 1921 übernahm nach dessen Tod ein Enkel Abdu'l-Bahas, *Shoghi Effendi* die Führung der Gemeinde. Seit 1963 ist die Ratsversammlung des *Hauses der Gerechtigkeit* im israelischen *Haifa* das höchste Leitungsgremium der Baha'i.

Heute bekennen sich weltweit *zwischen fünf und acht Millionen Menschen* zur Baha'i-Religion. Die größten Gruppierungen gibt es im Iran, in Indien, in Zentralafrika und in Südamerika.

LITERATUR

Alle verwendeten Bibelzitate stammen aus: Die Bibel: Einheitsüberset-
zung Altes und Neues Testament: Freiburg, Basel, Wien 1980.
Alle Koranzitate wurden entnommen aus: Der Koran. Übersetzung von
Rudi Paret: Stuttgart u. a. [4]1985.

Literatur zu Mose

Assmann, Jan: Moses der Ägypter. Entzifferung einer Gedächtnisspur:
Darmstadt 1998.

Brandenburger, Egon: Himmelfahrt Moses. In: Kümmel, Georg (Hg.):
Jüdische Schriften aus hellenistisch-römischer Zeit, Band V/2: Apo-
kalypsen: Gütersloh 1976, S. 59–84.

Brandscheidt, Renate: Jahwe, JHWH. In: Lexikon für Theologie und
Kirche, Band 5: Freiburg u. a. [3]1996, Sp. 712 f.

Brunner, Hellmut: Ägypten II. Religionsgeschichte. In: Lexikon für
Theologie und Kirche, Band 1: Freiburg u. a. [3]1993, Sp. 254–256.

Lehmann, Johannes: Moses. Der Mann aus Ägypten. Religionsstifter,
Gesetzgeber, Staatsgründer: Hamburg 1983.

Mensching, Gustav: Leben und Legende der Religionsstifter. Texte
ausgewählt und erklärt: München 1962.

Neher, André: Moses in Selbstzeugnissen und Bilddokumenten: Reinbek bei Hamburg 1964.

Otto, Eckart: Mose. Geschichte und Legende: München 2006.

Schebesta, Eduard: Schrieb Mose den Pentateuch? Zur Entstehung der
fünf Bücher Mose. In: Welt und Umwelt der Bibel 3/2006, S. 26.

Seebaß, Horst: Pentateuch. In: Theologische Realenzyklopädie, Band
XXVI: Berlin, New York 1996, S. 185–209.

Schreiner, Stefan: Mose, unser Lehrer. In: Emma Brunner-Traut (Hg.):
Die Stifter der großen Religionen. Echnaton, Zarathustra, Mose,

Jesus, Mani, Muhammad, Buddha, Konfuzius, Lao-tse: Freiburg, Basel, Wien ³1998, S. 30–49.

Wickler, Wolfgang: Die Biologie der Zehn Gebote: München 1971.

Zenger, Erich: Mose/Moselied/Mosesegen/Moseschriften I. In: Theologische Realenzyklopädie, Band XXIII: Berlin, New York 1994, S. 330–341.

Zenger, Erich: Mose I. Altes Testament. In: Lexikon für Theologie und Kirche, Band 7: Freiburg u. a. ³1998, Sp. 486–488.

Literatur zu Buddha

Bechert, Heinz: Buddhismus. In: Theologische Realenzyklopädie, Band VII: Berlin, New York 1993, S. 317–335.

Bock-Raming, Andreas (Hg.): Die Reden des Buddha. In der Übersetzung von Hermann Oldenberg: Wiesbaden 2006.

Golzio, Karl-Heinz: Wer den Bogen beherrscht. Buddhismus: Düsseldorf 1995.

Hutter, Manfred: Die Weltreligionen: München ²2006.

Klimkeit, Hans-Jörg: Buddha. In: Peter Antes (Hg.): Grosse Religionsstifter. Zarathustra, Mose, Jesus, Mani, Muhammad, Nanak, Buddha, Konfuzius, Lao Zi: München 1992, S. 133–159.

Lähnemann, Johannes: Weltreligionen im Unterricht. Teil 1: Fernöstliche Religionen: Göttingen 1986.

Lange, Joachim (Hg.): Ökumenisches Verzeichnis der biblischen Eigennamen nach den Loccumer Richtlinien: Stuttgart ²1981.

Mensching, Gustav: Leben und Legende der Religionsstifter. Texte ausgewählt und erklärt: München 1962.

Payer, Alois: Buddha. In: Emma Brunner-Traut (Hg.): Die Stifter der großen Religionen. Echnaton, Zarathustra, Mose, Jesus, Mani, Muhammad, Buddha, Konfuzius, Lao-tse: Freiburg, Basel, Wien ³1998, S. 141–161.

Trutwin, Werner: Buddhismus. Arbeitsbücher für die Sekundarstufe II. Religion – Philosophie – Ethik: Düsseldorf 1998.

Waldschmidt, Ernst: Die Legende vom Leben des Buddha: Graz 1982.

Zago, Marcello: Der Buddhismus: Aschaffenburg 1984.

Literatur zu Jesus

Aufhauser, Johannes B.: Antike Jesuszeugnisse. Kleine Texte für Vorlesung und Übungen: Bonn [2]1925.

Bienert, Wolfgang A.: Jesu Wirken und Leiden. In: Edgar Hennecke/ Wilhelm Schneemelcher (Hg.): Neutestamentliche Apokryphen in deutscher Übersetzung: Tübingen [5]1987, S. 387–389.

Bösen, Willibald: Der letzte Tag des Jesus von Nazaret. Was wirklich geschah: Freiburg, Basel, Wien 1994.

Gnilka, Joachim, u. a.: Jesus Christus. In: Lexikon für Theologie und Kirche, Band 3: Freiburg u. a. [3]1995, Sp. 804–845.

Kügler, Joachim: Sohn Gottes. Neues Testament. In: Lexikon für Theologie und Kirche, Band 9: Freiburg u. a. [3]2000, Sp. 690–693.

Trummer, Peter: Aufsätze zum Neuen Testament: Graz 1987.

Vogel, Walter (Hg.): Religion. Computerlexikon auf CD-ROM: Graz u. a. 1996.

Weidinger, Erich: Die Apokryphen. Verborgene Bücher der Bibel: Augsburg 1988.

Literatur zu Muhammad

Hierzenberger, Gottfried: Der Islam (marixwissen): Wiesbaden 2006.

Mensching, Gustav: Leben und Legende der Religionsstifter. Texte ausgewählt und erklärt: München 1962.

Paret, Rudi: Mohammed und der Koran (Urban Taschenbücher, Band 32): Stuttgart u. a. [6]1985.

Prenner, Karl: Die Stimme Allahs. Religion und Kultur des Islam: Graz, Wien, Köln 2001.

Strobl, Anna/Vogel, Walter: Islam – Die CD-ROM (Schule und Bildung auf CD-ROM, Band 3): Graz u. a. 1999.

Schall, Anton: Islam I. In: Theologische Realenzyklopädie, Band XVI: Berlin, New York 1993, S. 315–336.

Schoeps, Hans-Joachim: Gottheit und Menschheit. Die großen Religionsstifter und ihre Lehren, Bergisch Gladbach 1982.

Watt, Montgomery W./Welch, Alford T.: Der Islam: I. Mohammed und die Frühzeit – Islamisches Recht – Religiöses Leben: Stuttgart u. a. 1985.

Literatur zu Echnaton

Bille-De-Mot, Eléonore: Die Revolution des Pharao Echnaton: München 1965.

Brunner, Hellmut: Echnaton. In: Lexikon für Theologie und Kirche, Band 3: Freiburg, u. a. [3]1995, Sp. 439.

Brunner-Traut, Emma: Echnaton, der Aufklärer. In: Dies. (Hg.): Die Stifter der großen Religionen. Echnaton, Zarathustra, Mose, Jesus, Mani, Muhammad, Buddha, Konfuzius, Lao-tse: Freiburg, Basel, Wien [3]1998, S. 9–29.

Hornung, Erich: Echnaton. Die Religion des Lichts: Düsseldorf, Zürich [2]2001.

Schlögl, Hermann, A.: Amenophis IV. Echnaton: Reinbek bei Hamburg 1986.

Literatur zu Zarathustra

Golzio, Karl-Heinz: Who's who der Religionsstifter: Stuttgart, Zürich 2002.

Hasenfratz, Hans-Peter: Zarathustra. In: Peter Antes (Hg.): Grosse Religionsstifter. Zarathustra, Mose, Jesus, Mani, Muhammad, Nanak, Buddha, Konfuzius, Lao Zi: München 1992, S. 9–31.

Humbach, Helmut: Die Gathas des Zarathustra. Band 1: Einleitung, Text, Übersetzung, Paraphrase. Band 2: Kommentar: Heidelberg 1959.

Hutter, Manfred: Parsismus. In: Lexikon für Theologie und Kirche, Band 7: Freiburg u. a. [3]1998, Sp. 1393–1395.

Hutter, Manfred: Religionen in der Umwelt des Alten Testaments: Stuttgart u. a. 1996.

Mensching, Gustav: Leben und Legende der Religionsstifter. Texte ausgewählt und erklärt: München 1962.

Literatur zu Mahavira

Balbir, Nalini: Jainismus. In: Theologische Realenzyklopädie, Band XVI: Berlin, New York 1987, S. 451–461.

Bätz, Franz: Heilige Berge, Tempelstädte und Asketen. Der Jainismus – eine lebendige Kultur Indiens: Gnas 1997.

Partridge, Christopher (Hg.): Das große Handbuch der Weltreligionen: Wuppertal 2006.

Tworuschka, Monika/Tworuschka, Udo: Die Welt der Religionen. Geschichte, Glaubenssätze, Gegenwart: Gütersloh/München 2006.

Rothermund, Dietmar: Gandhi. Der gewaltlose Revolutionär: München 2003.

Rüfenacht, Elmar: Religionen des Nahen und Fernen Ostens. Judentum, Islam, Hinduismus, Buddhismus, Chinesischer Universalismus, Sikhismus, Jainismus, Shintoismus: Herisau 1994.

Literatur zu Konfuzius

Cavin, Albert: Der Konfuzianismus: Stuttgart 1981.

Emmerich, Reinhard: Konfuzius. In: Peter Antes (Hg.): Grosse Religionsstifter. Zarathustra, Mose, Jesus, Mani, Muhammad, Nanak, Buddha, Konfuzius, Lao Zi: München 1992, S. 160–185.

Faßnacht, Dieter: Die Religionen Chinas (Weltreligionen. Geschichte, Quellen, Materialien): Frankfurt, Berlin, München 1983.

Friedrich, Michael: Konfuzius, Konfuzianismus. In: Lexikon für Theologie und Kirche, Band 6: Freiburg u. a. [3]1997, Sp. 243–246.

Konfuzius. Gespräche (Lun-yu). Aus dem Chinesischen übersetzt und herausgegeben von Ralf Moritz: Leipzig 1991.

Mensching, Gustav: Leben und Legende der Religionsstifter. Texte ausgewählt und erklärt: München 1962.

Literatur zu Laozi

Darga, Martina: Laotse: Kreuzlingen, München 2003.

Faßnacht, Dieter: Die Religionen Chinas (Weltreligionen. Geschichte, Quellen, Materialien): Frankfurt, Berlin, München 1983.

Friedrich, Michael: Laotse. In: Lexikon für Theologie und Kirche, Band 6: Freiburg u. a. [3]1997, Sp. 650.

Hutter, Manfred: Die Weltreligionen: München [2]2006.

Küng, Hans: Spurensuche. Die Weltreligionen auf dem Weg 1. Stammesreligionen, Hinduismus, chinesische Religion, Buddhismus: München, Zürich 2005.

Lao-Tse: Tao-The-King. Weg-Weisung zur Wirklichkeit. Hgg. und erläutert von K. O. Schmidt: Engelberg, München 1977.

Literatur zu Mani

Golzio, Karl-Heinz: Who's who der Religionsstifter: Stuttgart, Zürich 2002.

Klein, Wassilios: Mani. In: Peter Antes (Hg.): Grosse Religionsstifter. Zarathustra, Mose, Jesus, Mani, Muhammad, Nanak, Buddha, Konfuzius, Lao Zi: München 1992, S. 72–90.

Klimkeit, Hans-Joachim: Mani, Manichäismus. In: Lexikon für Theologie und Kirche, Band 6: Freiburg u. a. [3]1997, Sp. 1265–1269.

Renz, Andreas: Mani/Manichäismus. In: Eugen Biser/Ferdinand Hahn/Michael Langer (Hg.): Der Glaube der Christen. Band 2. Ein ökumenisches Wörterbuch: München, Stuttgart 1999, S. 309.

Römer, Cornelia Eva: Manis frühe Missionsreisen nach der Kölner Manibiographie. Textkritischer Kommentar und Erläuterungen zu pp. 121–192 des Kölner Mani-Kodex: Opladen 1994.

Widengren, Geo: Mani und der Manichäismus: Stuttgart 1961.

Literatur zu Guru Nanak

Gächter, Othmar: Sikhs, Sikhismus. In: Lexikon für Theologie und Kirche, Band 9: Freiburg u. a. [3]2000, Sp. 581 f.

Grewal, Dalvindar, Singh: Guru Nanak's travel to Himalayan and East Asia region. A new light: New Delhi 1995.

Sarna, Navtej: The book of Nanak: New Delhi 2003.

Stukenberg, Marla: Die Sikhs. Religion, Geschichte, Politik: München 1995.

Thiel-Horstmann, Monika: Guru Nanak und der Sikhismus. In: Peter Antes (Hg.): Grosse Religionsstifter. Zarathustra, Mose, Jesus, Mani, Muhammad, Nanak, Buddha, Konfuzius, Lao Zi: München 1992, S. 114–132.

Literatur zu Baha'ullah

Esslemont, John Ebenezer: Baha'u'llah und das Neue Zeitalter: Oberkalbach [5]1972.

Ficicchia, Francesco: Der Baha'ismus. Weltreligion der Zukunft? Geschichte, Lehre und Organisation in kritischer Anfrage: Stuttgart 1981.

Flasche, Rainer: Baha'i-Religion. In: Lexikon für Theologie und Kirche, Band 1: Freiburg u. a. [3]1993, Sp. 1353 f.

Gerlitz, Peter: Kompass Baha'i = Compass Baha'i: Hannover 1999.

Hakim, Christine: Die Baha'i oder der Sieg über die Gewalt: Altstätten 1984.

Hutter, Manfred: Die Weltreligionen: München [2]2006.

Bibliografische Information der Deutschen Nationalbibliothek Die
Deutsche Nationalbibliothek verzeichnet diese Publikation in der Deutschen
Nationalbibliografie; detaillierte bibliografische Daten sind im Internet über
http://dnb.d-nb.de abrufbar.

2. überarbeitete und ergänzte Auflage 2016

© by marixverlag in der Verlagshaus Römerweg GmbH, Wiesbaden
Lektorat: Prof. Katharina Ceming, Augsburg und Dr. Fred Slanitz, München
Covergestaltung: Karina Bertagnolli, Wiesbaden
Bildnachweis: Religion Symbol set Vektor Illustration/iStock.com/A7880S
Satz und Bearbeitung: Medienservice Feiß, Burgwitz
Der Titel wurde in der Palatino Linotype gesetzt.
Gesamtherstellung: CPI books GmbH, Leck – Germany

ISBN: 978-3-86539-937-3

www.verlagshaus-roemerweg.de